Spiritual Bypassing:
When Spirituality Disconnects Us
from What Really Matters

Robert Augustus Masters Ph.d.

灵
性
逃
避

[美] 罗伯特·奥古斯都·玛斯特斯　　著

黄秀丽　　译

中国青年出版社

中青·心文化

Spiritual Culture

在阅读中疗愈·在疗愈中成长

READING＆HEALING＆GROWING

目录

第一章

逃 避 神 圣 的 阻 抗

灵性逃避这个术语，最初由美国心理学家约翰·威尔伍德（John Welwood）在 1984 年提出，是指在灵修中采取一些方法和信念，来避免面对痛苦的感情、未揭露的旧伤以及成长的需要。实际上，这种现象的发生比我们想象的要普遍的多，除了非常极端的情况，大量的逃避行为都未能引起我们的注意。

无论在个人层面还是在集体层面，部分原因是我们在面对、进入、转化痛苦时缺乏耐心，因此更倾向于选择那些麻痹痛苦的方法，尽管这些"救济措施"会催生出更多的痛苦。这种倾向是如此彻底地渗入我们的文化生活中，以至于灵性逃避就像一种高级的、副作用极小的止痛剂，完美地和我们逃避痛苦的群体习惯结合起来。这种方法不仅用来逃避痛苦，也给其他各种逃避方法——从那些明目张胆的到极为微妙的方法——披上了合理化的外衣。

灵性逃避是灵修中非常顽固的阴影，所表现出的各种形式，常常不易识别。灵性逃避的表现形式有：过分超然、麻痹和压抑情绪、过分强调积极面向、厌恶愤怒（anger-phobia）、盲目的或过分容忍的慈悲、界限不清、发展不平衡

（认知智力常常优于情绪和道德智力）、对他人的消极面向缺乏判断力、崇尚灵性贬低个人性、陷入更高存在状态的错觉等。

20世纪60年代中叶，人们对灵性的兴趣特别是对来自东方的灵性兴趣暴涨，伴随而来的是对灵性逃避的沉迷。但是，这一现象却经常未被重视和命名，而是被解释为对宗教的超越和一种超前的修行方法和观念，特别是在快餐式的修行中，这些玩意儿会在《秘密》这种畅销书中打包出售。它们的特征是非常的肤浅，就像一种一站式的服务，提供这样一些至理名言："别太往心里去。""给你带来烦恼的正是你自己。""一切皆是幻象。"然后就可以被任何人鹦鹉学舌般地活学活用了。

幸运的是，这些错误和肤浅的观念现在已经不再吃香。一堆堆的泡沫幻灭了，一批批的东西方"心灵导师"的底裤被扒下来了，一个个的教派来了又跑了。为了探寻更深层的财富，我们已经耗费太多时间在灵性小饰品、灵性证书、能量传输和崇拜古鲁中心主义（gurucentrism）上了。但在克服依赖灵性逃避之前，任何有意义的变化都不会发生，对灵性真正的渴望也不会扎根。克服灵性逃避的依赖，行动起来并不容易，需要我们停止逃避痛苦，停止麻痹自己，停止期望灵性修行会让我们感觉更好。

真正的灵性不会让你"high"，不会让你极度兴奋，不会让你改变觉知的状态。"灵性"被美化了，但我们的时代需要更真实、更深入、更负责任的灵性产品；需要一种率真自然的整合型灵性产品；需要那种撼动我们生命核心的灵性产品，直到我们认识到对它的探索绝不是浅尝辄止。真正的灵性不是一些闪光的小饰品或者全知全能的嗡嗡声，不是迷幻剂，也不是高阶意识次元，更不能带来对痛苦的免疫。真正的灵性是解放的战火，是一个给我们带来严峻考验的精致坩埚和避难圣所，它会带来疗愈和觉醒所需的光和热。

通常当我们陷入灵性逃避的伎俩时，我们喜欢被照亮但不喜欢被"加热"。我们会更热衷于提出一些意识层面的高阶理论，而不是真正地抵达那个境地；我们会抑制解放的战火，而不是拥抱它使自己更有活力；我们会信奉无条件的爱，而不是允许爱以更具有挑战性和个人性的方式呈现。因为这样做会将我们炙烤，会让我们失控，会带来更多的恐惧，并将那些一直被我们排斥和抑制的部分带到表面。

但如果我们想要被照亮，那么我们就不能从炙烤中逃离。正如维克多·弗兰克尔（Victor Frankl）所说："发光者必忍受煅烧。"（What is to give light must endure burning）处于炙烤中并不意味着要在冥想中如坐针毡，而是要通过艰苦跋涉进入到那个核心，无论那里是恐惧、悲伤还是原始的创伤，都要面对它、进入它，并与之亲密。

我们学习东方智慧已久，现在到了需要更深入的时候了。我们不仅需要超越仪式、信仰和教条来深入这些传统智慧的精髓，而且需要足够的空间使这些传统智慧良性发展，而不仅是使其西方化。只有这样，这些东方智慧才不会成为培育灵性逃避的土壤。但是，除非我们非常深入且全面地针对身体、情绪、心智、心灵，以及关系层面深入整合，活出更深入的整体感、活力感、明晰感，否则，有意义的变化不会发生。

无论在东方还是在西方，那些不深入解决心理问题，而盲目追求灵性的修行道路，结果都会产生丰富的灵性逃避方法。如果心灵导师不鼓励学生深入到心智和情绪的问题中，他们就会用导师教给他们的方法，来尝试解决心智方面的难题，无论是疗愈痛苦的情绪、创伤还是其他问题。灵性修行似乎比心理治疗更为高级，会给人带来一种莫名的优越感，而心理治疗却被视作低于灵性修行，甚至被认为是不必要的。当灵性逃避状态非常细微时，心理治疗较容易被我们接受，但我们仍然羞于深入触及那个伤痛的内核。

新时代的灵性逃避充斥着"完整性"（wholeness）和"万物一体"的概念，而"一体性"或许是当时最受欢迎的标签。实际上，这样的万能标签会让我们将那些痛苦的、忧虑的、未疗愈的和一切使人不舒服的面向排斥在外，从而引发并强化人类的分裂。这些未被解决的面向长时间滞留于黑暗底层的深处（头脑成了我们的总指挥，身体和情绪仿佛从属于头脑），它们就会像长时间关在笼子里的动物一样举止恶劣。对这些面向的疏忽，就像父母未给孩子准备充足的衣食就离去一样。

灵性逃避表面看起来很优雅，特别是这些方法能让人挣脱烦乱和狂怒的束缚时。但这种宁静和超然的假象，对那些致力培养自己的美德和积极面向的人来说有点像超自然的镇定剂。

通常，陷入灵性逃避状态的征兆是欠缺踏实感和身体感。而这两种感受既能让我们保持和这个世界的关联，也能让我们不固着在某种灵性体系上，即使这种体系能提供给我们缺乏的感受。另外，陷入灵性逃避中，我们还会过早地宽恕或陷入情绪分离，分不清愤怒、恶意与敌意的差异，我们因此丧失行动力，模糊了与他人的界限。这份过了头的友善常常就是灵性逃避的征兆，它从真实的情绪深处抽离出来，暗藏着一种尚未说出、触及和认识到的痛苦。这份痛苦处于被隔绝的状态，不能获得很好的关怀，就像一个孩子，做好准备等着爱他的父母为他洗澡一样。

灵性逃避不仅使我们与痛苦和困难隔绝，而且也与真正的灵性隔绝，使我们困在形而上的不安定状态中，这是一种过分亲切、过分友善和过分浅薄的状态。灵性逃避的特质是隔绝，这使我们漂泊无依，只好紧抓住自以为是灵性资格认证的救生圈。也因为这个特质，灵性逃避将我们放逐，让我们无法充分体现人性。

但我们也不要那么苛刻地对待灵性逃避。其实，每一位进入这一领域的人，都曾或多或少的有过灵性逃避的状态。至少在某种程度上，我们一直在用一些方法来让自己感觉更好和更安全。为什么我们不能用这种方法？尤其在最初的时候，为什么不能带着这样的期望——期望灵性能让我们生活中的各个面向更好，给我们带来更多安全感——修行？

对那些表现明显的灵性逃避方法——有一些是试图解除世俗的束缚让自己脱俗，从而让我们感到更好、更安全、更完整——不仅要及时发现它并停止这样做，而且要带着真正的慈悲来看待它、研究它。不要责备也不要羞辱我们中间的灵性逃避者，真正要做的是不带有任何操纵的企图，以觉知和关爱去包容他们。如果能接纳灵性逃避者，那我们就能以健康的态度对待灵性逃避。

我曾疗愈过很多自以为正在灵修的客户，尤其是冥想者。他们在刚开始的时候感觉很好，努力不去评判，展现正向积极的一面。但是，很快各种各样的灵性"要求"就将他们钉在尖桩上动弹不得，比如"我不能生气""我应该有更多的爱""我投入了那么多时间灵修，我应该更敞开"。他们从那些阴暗（不灵性）的情绪、冲动和企图中逃开，希望藉此解脱或至少能让自己感觉更好。但这种方法却将他们自己困在了某种信念之中。

甚至，那些设计得最为巧妙的修行方法都可能是陷阱，它们不会给你带来自由，带来的仅仅是微妙的对"自我"的固执，这个"我"想要成为"解脱了"的大人物，不会意识到在觉醒之路上并没有奥斯卡金像奖。最明显的潜在陷阱包括：我们应该超越困难，只要相信"合一"就好的这种信念，即使我们内心有一种不受控制的倾向，想将一切事物都分为正面和负面、高和低、属灵的和不属灵的。还有一些不易察觉的陷阱，它们唱着形而上的摇篮曲，说着扬升的隐喻，貌似很有洞察力的样子，教大家培养冷眼旁观的能力，或者虔诚地遵循仪轨，以学会"无厌恶"——不厌恶任何人与事。此外，还有一些更难察觉到的陷阱在等着我们，它们强调遇到任何事物都要接纳和仁慈。以上这些方法只要能驱使我们朝更深入的方向前进，都有其价值。但无论我们达到何种境界，每一种方法都不能避免灵性逃避，尤其是我们希望脱离一切痛苦的时候，无论这个痛苦是个人的还是集体的。

在我的个案经验中，那些与自身痛苦和困难熟悉、亲密起来的客户，他们更善于敞开内心，更善于倾听，并会逐步了解问题的根源。他们会抛弃那些误导人的方法，重新选择更合适自己的方法，少了些顺从，多了些诚实，却更加富有创造性。还有些人找到了新的方法，这些方法不仅更符合他们的需要，还能让他们更深切地认识到：万事万物皆是疗愈和觉醒的助力。是的，万事万物！

我写这本书的目的，不仅要解剖灵性逃避状态中的各个面向，而且还要邀请它长大成熟（outgrow），这样我们就可以触及生命的最深处：一个热血沸腾的、完整的、有深度的、充满爱的，头脑明晰的生命；一个各个层面都无比真实的生命；一个无论在个体、人际关系还是超个人层面，都能被荣耀并能充分活出其本质的生命。

希望我所写的能很好地帮助你。

第二章

切 断 灵 性 逃 避

要想解决灵性逃避的问题，首先要看清它真正的样貌，它可能是一些避免深入处理痛苦或忽视我们发展需求的信念；其次是将它的表现列举出来，这样我们就能够和它产生关联，而不是逃避它。当灵性逃避的表现形式既简单又明显时，这样做会相对容易些；可当它们非常细微，而且和一些有益的修行方法共存时，就不那么容易处理了。

公开承认我们有灵性逃避的倾向可能会让我们有一种"被抓住了"的羞耻感，但这是一种健康的羞耻感，不会转变为自我批评，所以处理起来很容易。它让我们知道，灵性逃避并不只是我们在做的事情，每个人都会这么干。承认它的存在会带来一种自由的感觉，就像我们完全敞开内心地承认我们刚才怀着戒心与一位重要人物激烈地辩论时，所感到的自由一样。

贬低、漠视或一股脑儿地否认我们的阴影面向和所谓的消极面向，也许是灵性逃避中最常见的征兆。其他的征兆还包括以某种全局性的、客观的态度来处理那些明显的个人事务，就像我们会说，"事实"是"一切都完美无缺地按照原计划进行""所有发生的都是必须的"。但当我们面对别人的痛苦遭遇时，却又带着贬低他人的意味来谈论这些，我们会说，"一切皆是幻象，包括你的痛苦""这是你的小我"，我们就像新闻主播轻描淡写地说着俏皮话，用同一种专业的、不带有任何情感的腔调来报道各种不同的悲惨事件一样，不管它是一般性事件还是极为悲惨的事件。我们一头扎进那些意味着绝对真理的格言警句，靠着这种方式，我们与自己的、他人的痛苦都隔绝了。

当然，不是所有灵性逃避的表现都与情绪完全隔绝，还有些是用合理的灵性方法逃避深入情绪——对那些很深的感受，尤其是引人不快的情绪的逃避。这是辨别灵性逃避的一个常用指标，在修行道路上，灵性逃避尤其常见于将"自我"（ego）视作必须根除的方法中，认为只有根除"自我"（ego）才能圆满，而不是将"自我"（ego）视作有活力的、可以照亮我们存在的事物，并与生命其他部分整合。

我们压抑的痛苦越多，就越有可能——如果我们希望成为有"灵性的"人或被人视作有"灵性"的人——形成某种补偿性的自我膨胀（可能披上了谦卑的外衣）。这时，我们一不小心就可能被一种粗俗的灵性逃避方法所影响：将修行和修行成果都用于避免直接地、毫无防备地接触到最原始的痛苦，让我们隔绝或者"安全"地从痛苦——特别是那些长时间困扰我们的痛苦——中撤离。许多人困在这里，并以为如果不能在修行中感觉更好，是因为没有更深入、更充分地进入内在，因此必须再接再厉。如果这样做失败了，这些人会倾向于责备自己，并更加执着于他们修行道路上的需要和渴望。这可能是一个令人不愉快的"灵性短板"（spiritual shortfalls），它不断地让你分心，使你不能够面对和处理那些更重要的问题：你的核心痛苦。

比这更不幸的是那些成功逃避了痛苦的人——他们不仅一直回避或逃离核心痛苦，而且在修行中感到了稳定的舒适感。我称他们"不幸"，是因为与那些无法成功逃避痛苦的人相比，他们感到一定程度上的满足，这使他们更加不可能冒险，去直接深入内心处理创伤和阴暗面。

当我们陷入这些灵性逃避的伎俩中时，就倾向于认为心理治疗仅仅是针对那些严重的神经症患者的，而不是必要的，况且心理治疗只会强化自我，而这正是追寻灵性要切断和根除的。在灵性语言中，这实在是太容易表达我们对心理

治疗的恐惧了！心灵导师通常不会支持他们的学生进行深度
心理治疗，很可能是因为他们并不清楚心理治疗的过程以及
所带来的好处。他们过分强调灵性练习，而且要求学生只做
灵性练习，这样做的后果会给学生带来巨大的伤害。

　　灵性逃避让我们达到一个很"高"的水平，但那仅仅是
一个概念上的高水平，这很像我们没有经过二楼、三楼、四
楼就抵达了五楼。我们住在五楼并配置了所有必要的家具和
装备，然而下面的楼层却因为我们的忽视而朽坏。只有当二
楼、三楼、四楼——未被开发和占据过的——即将到来的倒
塌引起注意时，我们才会认识到自己的错误并努力回到正确
的轨道上来，即使伴随着痛苦和羞辱。

　　如果"超越"我们过去的想法凌驾于"亲近"我们过去
的想法之上，灵性逃避就是必然的。无法和我们的过去亲
密——不能深入透彻地了解我们的境遇及其根源——这些未
经消化和整合的部分就会一直存在，尽管我们似乎有能力超
越它。可以尝试这样的方法：尽可能地怀着一颗怜悯之心，
学习和自己的过去建立清晰的连结。这样我们的过去就会服
务于而不是阻碍我们的疗愈和觉醒。这也意味着我们应以同

样的方法对待灵性逃避的倾向，将明晰的、关爱的眼光投向我们逃避的部分。

灵性逃避相当棘手，因为这种状态并不总能被轻易地发现。比如，一个学生请教心灵导师在整合修行与亲密关系的需要时遇到的问题，如果导师只是从宏观上回答一些老生常谈的问题，比如无限和有限，自性等问题，那这就是灵性逃避的表现。对这位老师来说，也许他是不经意的，他的回答很可能清楚和精确，但如果他不能直接和贴切地回答学生在个人和人际关系上的问题，他就是在逃避，而且很可能他自己也有这样的问题。

是的，学生可能会从老师笼统概括的回答中受益，但他们不能获得任何针对个人的帮助。问题的关键不是要不要给予笼统的回答，而是要提供一个心理学意义上的更个人化的回答。在灵性逃避领域，概念上的灵性经常伪装成真正的灵性。概念化的灵性、去情绪化的灵性，使人非常舒服和安全，并且还是炫耀的资本：合理化地逃避我们生命中困难面向——特别是情绪上的——的倾向。

切断灵性逃避意味着要面对我们那些痛苦的、丑陋的、遭排斥的、不被需要的或者否定自我的面向，并尽可能地培养与它们的亲密关系。我们要停止麻痹自己，尽最大的努力去接近它们，关爱它们。当感到心似乎要碎掉时，我们就走在正确的道路上了，即使需要跪着往前爬。这种感觉并没有想象中那么严重，心碎过才能再次敞开，心量才会扩展得越来越大。停止麻痹自己，心才会回到本来的纯真状态，就能越来越舒服地接受我们的阴暗面向，也能看到和感觉到最初驱使我们逃避的是什么。用艰苦之旅来描述这个过程仍然过于保守，因为这需要我们非常坦诚、非常深入地走进脆弱之中，对此我们可能完全不习惯。

如果我们不愿意或者没有能力深入脆弱之中，就不能真正地连结我们的内在小孩（纯真的、好奇的、前理性的率真，等等）——以真正的慈悲连结我们的内在小孩。如果这个小孩受过伤害或者有严重的创伤，这个旅程就会变得非常困难。如果我们不能做到这一点，就无法做到真诚地用心灵触动他人的内在小孩。因为这个缘故，我们对那些能够带领我们穿越童年时代的创伤，带来真正疗愈和整合的人，也总是敬而远之。

我们逃避的，正是我们必须停止麻痹自己并不停努力深入的地方。为了到达那里，最重要的是我们要辨别出那些只是让我们安静下来，而不是鼓舞和唤醒我们的方法，无论是灵性的还是其他的方法。尽管通过冥想所带来的平静放松效果是肯定的，但这些可以让头脑平静下来的方法，也会带来不良后果。感到非常平静和放松未必是一件好事，尤其是当我们不具有识别力和洞察力时。像冥想这样的"镇定剂"仅仅麻痹了我们的神经，如果我们致力于麻痹自己，就会被那些使我们远离痛苦的练习深深吸引。但只要有意识地、巧妙地面对痛苦和困难，与它们保持亲密的关系并进行有效的处理，我们就不再容易被渴望平静的想法诱惑。

事实上，几乎所有渴望平静的人都有可能在某些时候处于逃避状态，特别是在他们渴望切断日常生活中所产生的心理和情绪障碍时。面对痛苦可能令我们感觉不好，但如果我们渴望真正的疗愈，渴望让伤痛和痛苦服务于我们，而不是阻碍我们的话，这是必须的旅程。灵性逃避并不能根除，但它会成长至瓜熟蒂落。我们最好采用这样的方式对待它：认识到真正的灵性不是"逃避"，而是"抵达"。

第 三 章

停 止 否 定 我 们 的

负 面 特 质

情绪本身并没有正面或负面的区别，这个问题的关键取决于我们如何处理情绪。

比如愤怒。当我们充满敌意的时候，我们会散发出明显的负面能量，易怒、小气、严厉、无情。但如果拿愤怒的例子来谈论负面情绪并不合适。因为通常我们的愤怒被阴暗的、扭曲的镜片过滤了，所以我们表达出的愤怒并不纯净（纯净指的是摆脱了攻击、责备和羞愧的愤怒），而是充满敌意的。这意味着当我们带着愤怒去做事时，这些事也会被愤怒附着并传递负面能量。

但这难道就意味着愤怒本身是负面情绪吗？不，不是。这仅仅意味着我们处理愤怒的方法是负面的，在愤怒上面放了一个"小心眼的旋轮"（a mean-spirited spin），这是我们做的选择。敌意并不是一种负面情绪，而是某种情绪的构造和表达方式，这种情绪就是愤怒。

愤怒也可以充满正向的力量。丢掉工作的愤怒可以给我们带来力量、指明方向，帮助我们找到更适合自己的工作，这当然是正向和积极的。同样的，在一段受到伤害的关系中，愤怒将帮助我们确立健康的界限，并提供更多改进关系或者结束这段关系的积极力量。

再说憎恨。毫无疑问它具有负面能量。但这是情绪吗？或者这是我们处理情绪的方式吗？憎恨不是愤怒或者伤害，更不是二者的综合，而是将二者阴郁地搅在一起，压缩进某种情境：一个令人厌恶的人成了我们憎恨的对象。所以憎恨是我们处理情绪的方式。我们并不会说我们生气了或者我们受了伤害，而是会将这种情绪以非常负面的方式，比如用暴力传递出来。在憎恨中存在很多能量，有些让我们激情澎湃，有些让我们心力交瘁（更丑恶的、具有更多强迫性的愤怒形式尤其是这样），有些会吞噬我们。这些能量对我们产生了极大影响，成为我们的一种存在方式，而不仅仅是对困难情境的偶然反应。

但这并不是说，憎恨必须要被根除掉。有时候为了疗愈和成长，我们反而需要敞开心扉去感受并表达憎恨（在适当的情况下）。比如，如果有人伤害了我们的孩子，那么恨他就是自然而然的，内心充满愤怒和悲痛也是自然而然的，甚至产生报复的想法更是自然而然的。如果我们允许自己以适当的方式表达这种感受，比如和一名专业的精神治疗师接触，我们一定能满怀悲痛地给予伤痛空间，而不是任其泛滥或被痛苦主宰，我们不仅会被"打破"（break down），而且会被"打开"（break open）。

这当然会花时间，但远不及仅释放一部分憎恨或用错误的方式释放憎恨花费的时间长。未被释放的憎恨或以错误方式释放的憎恨，会慢慢溃烂并蔓延至全身。而那些内心紧锁憎恨，或试图过早地超越憎恨的人，会在勉强控制的平静之下，留下大量未被治愈的伤痛。比起这些人来，那些能够用理智的方法充分表达憎恨并没有伤害到自己和他人的人，更具有宽恕的能力。

所以真正通往宽恕的道路上常常伴随着憎恨。一旦深入憎恨的核心，你就不会再看到憎恨，反而会看到痛彻心扉的悲痛，那是一个破碎的、开放的深度空间。在那里，既有恼人和复杂的痛苦，也有令人清醒的空间和真正的自由。经过这种淬炼，宽恕就不再是披着合理化外衣的灵性逃避行为，而是具有巨大能量的修行方法。陷入灵性逃避之中的我们倾向于给情绪加上"正面"或者"负面"的标签，好像正负特性是绝对的一样。但我们越深入研究生命的实相，有一件事就会越清晰：用"正面"和"负面"的标签来定义情绪绝对是一种束缚。

我们十分渴望理想化的修行道路，所以陷入灵性逃避之中的人总是抱有一种寻求扩张的信念。因为他们相信扩张是积极的，收缩是消极的；扩张会提升我们，而收缩则会使我们沉没；扩张是"是"，收缩是"不"；扩张是"高的"，收缩是"低的"；扩张使我们自由，收缩使我们深陷罗网。诸如此类。

但是，扩张的本质并无所谓好坏，收缩的本质也是一样。扩张和收缩比我们所理解得更复杂，当我们吸气时，似乎整个躯干在扩张，以吸入更多空气，但鼻骨组织和上咽喉是收缩和紧张的。每个片刻，扩张和收缩都同时存在。但在灵性逃避领域，我们是如此热衷于"扩张"意识，因为和收缩相比，扩张看起来总是能让事情变得更好。

最具有收缩性的情绪可能就是恐惧（羞怯排第二）。我们视恐惧为负面能量，不仅拼命地抵制它、压制它，还尽可能地麻痹自己，避免感受这种原始的可怕能量。灵性逃避中有很多逃避恐惧的做法，最简单的做法是将自己与情绪隔绝开来。但如果我们与恐惧的能量、意念相连，并敞开身体去感受它，跟随它的流动，看着它流经身体，而非被它控制，那我们就不那么害怕恐惧了。

很多人担心，如果靠近恐惧会深陷其中，或者迷失其中。但是当我们带着觉知，一步一步地进入恐惧，我们就不会再被恐惧紧紧笼罩。觉知就像矿工的照明灯一样，我们进入恐惧越深，恐惧就会越少。当我们隔绝恐惧或远离恐惧，就会掉入恐惧的陷阱。所以只有进入它、亲近它，才不再受制于它，并且还会发现——不仅仅是智识上的，当我们和恐惧熟悉亲密之后，恐惧不仅仅是一种紧缩的黑暗能量，也是一种扩张的生机勃勃的能量。

否定我们的阴暗面，会使我们受制于那些未揭露的旧伤。痛苦、愤怒、悲伤、羞涩、害怕、恐惧、孤独、绝望，等等，这些都可以视为远离灵性的"阴暗面"。这些部分就像是被我们抛弃的"内在小孩"，我们并未以成熟的灵性态度对待它，而是从它痛苦、无助以及对安全和爱的渴望中逃离，这种做法非常普遍。可是，如果我们能够去充分地感受这些伤痛，并有技巧地接近它，我们就会从中解脱，就能够活得更全然、深刻，当然也更具灵性。如果我们对愤怒、害怕、羞涩、疑虑、恐惧、孤独、悲伤等痛苦的感受缺乏亲密，我们的体验就会流于肤浅，而患上情感贫血症，并对那些麻痹自己的方法上瘾。

当然，逃避痛苦并不仅限于灵性逃避中，更多的是一种文化特色（特别是各种类型的上瘾）。有些人可能会选择另一种极端方法，他们不负责任地宣泄这些痛苦情绪，使这些痛苦情绪给我们带来负面的影响。其实真正的问题在于我们对这些人拙劣表演的纵容。在灵性逃避中，这是一个常见的反应过度的例子，其目的是给我们隔绝情绪、逃避情绪的行为找借口。

真正重要的并不在于是否表达出我们的负面感受，而在于如何有选择地表达。压抑愤怒会损害我们的身体（弱化免疫系统），过度表达愤怒（敌意思考）也会带来疾病。我们对待愤怒的极性（polarity）方式是要不压抑愤怒，要不直接表达。超越这种方式是可能的，健康的对待愤怒的方式是满怀慈悲地、清晰地、富有活力地包容和释放它。

现在来看看你那些阴暗面。别再将它视为病态的，别再贬低它，别再将它藏在黑暗里。进入它，打开它的门窗；凝视它，感受这个伤；深入它、触摸它，直接与它亲近。很快你会感到，那个凝视的目光不仅仅是你自己的，而可能来自更早的年代。它就是你，但又包含着很多很多的你。充分地让这些阴暗面变得人性化。你已经让它们在黑暗中待得太久了，它们可能会很厉害地发作。

　　缓慢而自信地打开这盏灯，然后只要单纯地停留在这里就够了。你的心变得更加柔软，你的呼吸变得更加深入，试着把那些负面能量带进来，让它们离你更近一些，在合适的时候打开它们。不要太仓促，而是要让它们慢慢地从离你很远的外在物体，重新转变成你自己的一部分。允许它们弄痛你，允许它们打碎你的心。在你意识到你真正要做的是转化这些负面能量并活化它们的时候，你想超越它们的野心几乎消失了。你和自己深深连结在一起，你最初的不情愿几乎消失了。现在，你将那些所谓的阴暗面带入你的心中，就像充满爱的父母对待他们生病的孩子那样给它支持；你会感觉到你的渴望和力量升起来了，你可以去保护那个幼小的生命了。现在，没有什么阴暗面了。只有爱、舒适、认可、存在、轻松和完整。这就是原始的生命状态，它是如此的真实，不再被简化为正面的和负面的；它是如此的生动，一切都停止了。

第四章

盲 目 的 慈 悲 ：

披 着 关 怀 外 衣 的
忍 耐 神 经 症

　　本质上，慈悲关系着每个人的幸福快乐，考虑到这一点，我们需要尽可能地深入它并与它亲密。这就需要我们充分了解什么是慈悲，不仅要理智地掌握它的构成，而且要熟悉貌似慈悲的感情的构成。这其中，怜悯是一种带有一点居高临下感觉的关怀，害怕深入，对受苦的人保持有距离的关心；盲目的慈悲是对他人过分宽容，不加区别地施以慈悲，惧怕对抗。虽然并不是所有陷于灵性逃避中的人都是盲目的慈悲者，无论是有意识还是无意识地用灵性化的方法来逃避痛苦和愤怒，但总的来说，盲目的慈悲者在我们的文化生活中很常见。

　　盲目的慈悲根植于"我们能做到最好"这种信念之中。当我们受盲目的慈悲驱动时，就会对他人过分的宽容，我们会找各种理由原谅他人的行为；在需要确切地表达不高兴，需要拒绝别人和需要坚定地保持界限的时候，我们会制造一个和谐的气氛。通常，这和爱无关，是盲目的慈悲让你变得温顺。但是，这种慈悲并不是源于勇气，而是源于恐惧。源于勇气的慈悲不会害怕对抗。这一点让真正的慈悲看上去不像是善良的。

当我们陷入盲目的慈悲中时，会很少发怒，因为我们相信慈悲的人必须是温和的，我们害怕那些令我们心烦意乱或挑衅我们的人。这个信念会因为我们对愤怒的偏见而加强，特别是当愤怒以更暴烈的形式表现出来时，我们会认为它不是灵性的，并将之等同于恶意、敌意和侵犯；我们认为，如果是真正的慈悲，这些玩意儿就不能出现。盲目的慈悲会让我们变成贩卖"和谐"的商贩，令我们陷于"无情的积极性"中难以自拔。

因为盲目的慈悲，我们不知道如何说"不"，也不想学习如何坚决地说"不"。这种逃避冲突的结果是让不健康的模式继续下去。我们的"是"软弱无力，缺乏它本应有的影响力，只有当我们能够从内心深处，清晰而有力地说"不"时，才会恢复它的影响力。当我们不敢发声时，我们的"慈悲"会变成一个纵容他人的缺口，我们不加分辨地接纳、拥抱他人，使我们自己丧失了界限，所有这些都意味着我们对自己缺乏慈悲（我们不能充分保护自己）。这种盲目的慈悲会混淆愤怒和侵略、力量和暴力、判断和谴责、关心和过分容忍、道德成熟和"灵性正确"（spiritual correctness）之间的区别。

将我们本性中的终极真理简化为概念，不加区别地用来对待神经症患者和虐待者，会在灵性上轻猫淡写地粉饰某些行为。（有一个幼稚的吓人的例子是："不要对强奸你的那个人生气，因为他是你的一部分，你也是他的一部分，你们是一个整体。"）这样做，能让我们从生命中那些残忍的面向中获得一些安全感，也让我们在道德上麻痹自己，丧失了抵抗的能力。

很多这类行为都源于一个被普遍接受的观念：我们不应该评判他人。可这一观念有严重的问题。首先，我们评判他人只是头脑中所产生的一个想法而已，所以认为评判是错的。也就是说评判我们的评判，只会让我们陷入内疚，将我们分为好的与坏的两个阵营，好的就是没有评判，坏的就是有评判。我们每个人的头脑，都在不停地判断，这是非常自然的。而关键在于怎么对待这些评判，要认真地对待它们吗？如果要，什么时候应该这么做？是否应该允许它们吸纳情绪能量？我们应该超越它们，还是假装它们不存在？总之，评判他人并不是真正的问题，重要的是怎么处理这些评判。人总是会评判的，为什么要努力去除它们，而不是从这些评判中找到充满智慧和生命力的部分？

"我们不应该评判他人"的观念还有第二个问题，就是评判本身并不一定是一个负面现象。评判常常会被描绘为有敌意的、高傲的，或者是气量狭小的，可如果你去除这些附加在评判上的元素，可能就会在这些评判中发现有价值的洞见、即时的直觉等。所以评判并不一定等同于谴责！

当我们看到他人的施虐行为而产生了评判，我们就做对了，而且并不需要因此打击自己，因为这是我们道德天性中自然而然的反应。如果我们看得更深入些，就会发现我们更多的是在评判他们的行为，而不是评判某个人，但我们确实在任何情况下都在评判。不评判，是盲目慈悲者最主要的禁忌，仿佛我们应该从评判中抽离出来，与自身分离。如果有人袭击我们的孩子，我们还会从事实中抽离出来，认为发怒或评判是错误的吗？我们还会忽略现实感受，而构建一个更高的、发着光的，众生一体的世界吗？我们不会这么做的，除非我们屈从于盲目的慈悲。

当盲目的慈悲被他人冒犯，或者听说他人的无礼行为时，我们会陷入痛苦之中，什么都不能说，什么也不能做，不能评判，不能分析。但我们会检视自己的反应折射出自身什么样的毛病。这意味着，如果有人让我们心烦意乱，我们所关注的不是这个人的行为，而是会去研究我们对心烦意乱所做出的反应反映了哪些我们自身的问题，甚至还会感激有这个机会来检视自己。

这样做不仅误解了"允许所有的事服务于觉醒"这一艺术，而且对那些冒犯我们的人来说，也不是真正的慈悲。假如我们不能让这些人直面他们行为的后果，事实上我们就剥夺了他们可能非常需要的东西，并且让他们逃离了应该面对的困境，而我们自己也在逃离我们的困境。

盲目的慈悲使我们错误地理解了容忍，一味地厌恶冲突，混淆了爱和容忍的区别，无论是谁，无论是什么事，都不去评判。我们会对这些行为进行灵性化的粉饰。甚至一个心灵导师表现出非常明显的虐待行为，也可能会被学生谅解，并被学生视作一个成长的机会。我们是如此惧怕那些阴暗的面向，一直努力用最好的品质来掩盖它，但没有意识到这种狭隘的看法和所谓的"灵性"表达其实限制了我们的能力——恰如其分地、坚定有力地回应生命的能力。

盲目的慈悲也可能是出于生存的考虑。我们当中有些人在童年时可能已经掌握了一种对付冲突或者暴力的最好办法，就是用爱和原谅对待那些施虐者（也可能以他们的父母——也受自己的父母的虐待——为榜样，学会了这么做）。他们会经常说他们的父母已经做到最好了，即使其中包括极端的虐待。这些人还会经常说父母爱他们的方式是不完美的。一旦相信了这些，他们就可以成功地避开被虐待的记忆（这样可以让我们内在的小孩感到安全，但这不是真的安全）。他们会说他们不想伤害父母，回忆过去的经历觉得毫无意义，会说父母这么做，不过是陈年往事而已，等等，诸如此类的理由。

要切断盲目的慈悲，我们不仅需要敞开心扉，感受我们经受过的痛苦，还要去感受这些遭遇带来的后果。在我们明白这么做的价值之前，想这么做的人并不多。当我们回忆过去，面对伤害，清晰地说"不"时，常常只会使事情变得更糟。所以，我们成年人经常避免说"不"，下意识地认为说"不"是很危险的（因为当我们还是小孩子的时候，这样做真的很危险）。而盲目的慈悲会让我们安全地避免坚定地、明确地说"不"，也不必去面对说"不"的后果。

抱有"每个人都做到最好了"这样一个信念，能让每个人都摆脱那个痛苦的"钩子"，包括我们自己。我们不会弄皱他人衣服，惹毛他人；也不会激起一场风暴，不会小题大做，总之不会和他人起冲突。然而，这个信念却会掠夺我们的主动性和责任心，因为它意味着我们要做什么是无法选择的。假设我们将父母视为环境操纵的傀儡，我们怎么能让他们对自己的行为负责呢？说到底，他们无能为力。意识到父母选择伤害我们是令人惊恐的。如果看到这一点，我们该做什么？我们应该让当年那个被动的小孩保留在成年人的躯体中吗（就好像这是一个掺了杂质的成年人，带着他未疗愈的旧伤）？

盲目的慈悲把我们打造成一个受害者，让我们习惯于针对真实的本性和与生俱来的善良发表陈词滥调。当我们本应坚定地对抗他人时，盲目的慈悲会剥夺我们的行动权；然而，真正的慈悲能够让我们有力量去采取必要的行动，当然，这么做可能是痛苦的。在需要时，真正的慈悲可能是暴烈的，但爱仍在。我举个例子来说明这一点。当我恣意妄为，将我们的关系弃如敝屣，你就可能以牙还牙，大声喊"停"，以阻止我继续乱来。这是一种激烈的关爱，你喊停的时候，可能未表现出关爱之情，但我还是感到，似乎你在制止我的神经症发作。没过多久我就会明白这个事实：你带着暴烈的慈悲来与我对抗，里面有足够多的关爱。

那些盲目慈悲的人，本来心怀善意，但不幸的是，我们努力做好却事与愿违。我们的宽恕过于匆忙，以至于我们跳过了造就真正宽恕的过程：感受痛苦、表达自己真实的需要，当然这样可能会导致冲突。如果我们没有足够的空间去展开和表达这些痛苦和需要——在宽恕之前必须做的事情，我们就会错将原谅当作宽恕，在那些伤害我们的人的行为被检视，被深刻体会之前，我们就"赦免"他们了。

盲目慈悲的表现形式很多，存在于生活中的各个领域，它可能会因为寻求缓解而恶化境况。所以，你要熟悉盲目的慈悲。看到它、命名它，但不要责备它，然后去处理它，带着真正的慈悲处理隐藏在盲目慈悲下的恐惧，这个慈悲可能会炙热而火爆，也可能是不苟言笑的。这里有足够多的爱，所以慈悲的表现形式并不受限。

当我们摘下眼罩，清晰地看到我们的痛苦——愤怒、伤害和挫折，以及道德上的愤怒——我们就会重返爱的领域。那里曾经大门紧闭，但是现在我们可以自由地给予和付出。我们带着勇气和爱呈现出真正的慈悲；我们带着热切的渴望，将关爱的目光投向那些依然在盲目慈悲的魔咒下执迷不悟的人。

第 五 章

健 康 和 不 健 康 的 超 越

对某物的超越，是指超越它，并停止认同它，所以超越会被当作觉醒的目标。如果超越的过程是健康的，被超越之物不仅不会从我们的存在中清理出去（就像白云不会从天空中清除出去一样），反而会被重新定位，并以另一种方式服务于我们的幸福快乐。但如果这个过程是不健康的，那么被超越之物就会被我们从存在中清理出去，从而导致我们与人隔绝并逃避现实。健康的超越过程会拥抱那些被超越之物，不健康的超越过程却对其避之不及，因为摆脱我们自然天性中低下和黑暗的面向被认为是一种灵性美德，而这是一种披着神圣外衣的解离。

当我们陷入灵性逃避时，超越是一种毫无争议的美德。可这种超越很可能因为来得过早而不健康。一直以来，这一灵性美德靠着"扬升"的隐喻流传甚广。你很容易为这些感到兴奋：我们超越了一切困难和痛苦；我们过分地认同"扬升"理念的重要性，"向上"变得势在必行——借由那富有激情的一刻，我们获得了"扬升"这个灵性理念；我们的头脑升华了而身体却在向下沉，这是虚无缥缈的。我们被拉升至高处，却没有锚定在物质实相中。如果被某些令人心碎的感觉将我们向下拖拽，我们不会敞开心扉地去感受和表达它，而是会继续"上升"，漂浮在痛苦之上，切断和这种感觉的连结，此时我们就会将这种"超越"当成是灵性的、合情合理的。

这并不令人惊讶，"上升"的对立面——我们应该叫它下降，对那些陷入灵性逃避的人来说，并不受欢迎。沉入人性中的阴暗面向，或者坠落至低下的层面会被视为失败和令人沮丧的。我们将"下降"归于病态（特别是这样做出现了一些负面倾向，比如害怕、沮丧、羞愧或者紧缩等），或者与之保持一个适当的距离，仿佛它是一种神经质和不健康的物质。当我们陷入灵性逃避时，"上升"几乎总是表现出扩张、自由的正面倾向，这是高级的；而"下降"则是紧缩、保守的负面倾向，这是低级的。

当我们沮丧和烦乱时，就将"下降"视作是负面的、远离灵性的；当我们手气顺、事事如意时，就夸张地将"上升"视为非常重要的。即便情况极为艰难（比如愤怒非常必要时），我们仍旧不愿"下降"。在灵性逃避中，这是一个关键性的束缚因素。

对于陷入灵性逃避中的人来说，与我们的低级面向和那些我们认为应该被超越的部分亲密，并不是一个受欢迎的议题。实际上，"下降"实在令人沮丧，通常我们会用灵性的钳子夹住它，提升并放入一个洋溢着肯定语和禅定似的宁静的消毒槽。我们也会采取其他"上升"的方法，就好像只需将"低级"的事物转化为"高级"的就行了，像欧洲传教士掌控着土著部落并转化他们一样。

但是，因为我们都无比虔敬地相信自己是高级的，所以我们很容易花大量的时间去"俯瞰"（尽管我们会争辩说，我们站得如此之高，因而我们看到的大部分事物确实是低下的）。不幸的是，我们并不会让自己下降到任何一个合适的层级，而是看向，或者将"我"抛掷到那个方向，带着在头脑层面理解的慈悲（intellectual compassion，不仅仅是一种灵性精英主义），注视着那些任性的灵魂和不灵性的行为。鉴于我们已经陷入了灵性逃避之中，所以我们根本无法离开灵性的高塔、灵性的指挥部、灵性的免疫堡垒和灵性的绝缘性。毕竟在下面有很多痛苦，谁想去打开并感受它呢？

在灵性逃避中，任何明显的"下降"——下降至那个困扰或吞噬我们的部分，通常会被当成失败和沉没，认为这是衰退的象征。除非我们不充分下沉，而是将下面的部分提升上来。这种情形比起一个过分乐观的"上等人"拜访贫民窟后，为那些"下等人"留下一点圣诞饼的情形好不了多少。

但是，"不得不待在上面"的想法切断了我们与源头、历史，以及根基的连结，并不断削弱我们，令我们枯竭，我们不得不用灵性的陈词滥调、对生活的幻想和令人兴奋的纪念品不断地喂养自己。上升、上升，我们漂浮着，逃避了痛苦和发展的挑战并学习了一堆灵性知识——一堆令人迷惑的转化信息，我们为此支付的代价是肤浅地活着。我们忘记了"下面"并不是我们"上升"过程中所遇到的阻碍，而是种子发育、根茎生长的地方。

"下面"是专门收集我们忍受不了的东西的垃圾箱，还是安放我们否认与自己有关的那一部分的处所。"下面"不是我们被放逐、被定罪或者被排斥的黑暗的地方，而是我们真正扎根的地方，是等待我们的价值被他人发现并分享的地方。通过重新发现、认识并拥抱那些我们否定的部分来调整自己，就为真正的转化创造了空间。

"下面"的土壤肥沃，为逃避提供了丰富的机会。大部分走在灵性道路上的人倾向于将身体降级，让它"沉"入下部。不知我们是否注意到，除非我们已经挣脱灵性逃避的控制，获得了自由，其实我们都不大愿意以真实的样子活着（也就是说，我们都不大愿意和身体、和情绪更亲近）。我们甚至会将身体视作容纳灵魂和精神的容器，而忘记了真实的我们并不是在一具身体里，身体仅仅是我们的"外表"而已。

在生理和其他层面更多地提高身体感（embody），还意味着越来越深入地与我们的感觉相连结，尽管有时这么做并不愉快。漂浮或游离于感觉表面是容易的，保持超然——与情绪失联——获得灵性美德是容易的。这种逃离或排斥痛苦情绪的状态，所带来的良好感觉，就像利用身体让自己愉悦一样（比如我们在情欲中迷失自己的时候）。

那些陷入灵性逃避的人没有意识到，健康的超越既不是逃避，也不是切断与低级事物特性的连结，而是超越它们但不排斥它们。只有彻底地接纳它们，我们才能同时朝水平方向和垂直方向扩展自身，扩展到一种既包含某一个特定的品质，但并不认同它们的状态，既有分离，又有连结。事实上，二者是同时出现的，也是同时存在的，在共振中同时发挥作用。比如，当我们愤怒到离采取敌意的行动只差一步时，可以后退一步，仿佛在与愤怒的自己对话。我们并不需要排斥那个愤怒的"我"，但是我们可以充分扩展内在空间，去接纳它而不受它的控制。我们既和那个愤怒的"我"保持距离，也和其保持连结。我们并不是逃离愤怒的"我"，而是要让自己扎根在能看到全貌的地方，允许我们清晰地看到，同时也可以对它进行清理工作。

那些坚信一体性的人们，倾向与任何被他们视作低下、幼稚、负面的面向隔绝，而不是连结和整合。他们试图摆脱这些特质，并拒绝与其发展任何深入的关系，这会使我们分裂，难以获得真正的整体性。这些都是我们陷入灵性逃避后付出的代价。

在健康的超越中，超然的特征不是一种分离，而是既让我们充分接近被超越的事物以便充分了解它，又能与之保持适当的距离，以便我们能够清晰地看到它。相反，灵性逃避让我们站得如此之远，以至于对自己的经验无法发展出任何有意义的亲密感。基于各种各样的缘由（可能植根于早年经验），我们对距离感有一种偏爱，但是或早或晚，保持距离的需要和能力会减少，我们终会走近那些曾经避免接触到的事物。

超越内在的某一部分并不意味着它不再出现或者占据我们的内心，相反，这意味着它的能量回归到了我们存在本体（being）中的原始位置，我们理解它但不认同它。以前是主体的事物现在变成了客体；之前，我们的言行举止表现出好像我们就是这些部分，而现在我们意识到了它们的存在。这就是超越，超越了它，但没有与它失去连结或者将它排除在外。在这个过程中将关怀和爱带入进来，我们就能与这些部分产生亲密感。因此，我们不是简单地将情感——比如恐惧，分离出去，而是保留并充分理解它们。给恐惧（以及满怀恐惧的自己）以空间和慈悲，才能使之更好地服务于我们。

灵性逃避的超越是否定一切被超越的事物——"它"。反之，健康的超越视被超越的事物为真实自我的一个面向，不否认"它"，而是将"它"视作再生的"我"。选择健康的超越方法，会产生罕有的亲密感。在这种状态下，我们不再分离和疏远那些与我们相异的事物，而是以健康的视角看待它们。

　　在灵性逃避中，我们执着于"高等"的信念，却忘记了哪怕至高无上的信念，依然只是信念而已。真正的超越是超越信念的，是通过揭露、照亮、赶走我们内在对信念的执着部分，从而达到超越的。这部分可以称为"信徒"，它不是真实的存在，而是一种活动，一项任务。对"信徒"的揭露和超越，意味着它无法再装扮成我们自己。超越它并不需要根除它，而是重新定位它，这样它就不能再操纵局势。我们不应该轻视内在的"信徒"，而是应该与之亲密，将之视为"我们是谁"的一个特殊的重要面向。

　　当我们的内在开始观察信念是什么的时候，它会发生什么变化？信念依然会上升，但是它们却无法控制我们，我们有了更多呼吸的空间。这就是生命超越信念的状态。我们不需要抛弃信念，而是要观察它们真实的样子，并作出相应的回应。观察信念和根植于信念之上活生生的力量，对于切断灵性逃避是非常必要的。因为灵性逃避牢牢地居于这些信念之中。

　　如果想觉醒，那个藏于灵性逃避倾向中的"我"，或者表象的"我"，就必须被揭露和超越。这么做的同时，我们也要面对当初赋予那个"我"生命力的痛苦感、匮乏感和原初之痛。通过敞开自我，等到我们不再咄咄逼人地想要"解决"掉它——以理性化、灵性逃避、工作狂、药物滥用、沉溺于情欲的方式来"解决"它们——的时候，我们就能进入到伤痛的核心。

健康的超越之路并不是笔直平坦的，途中不会一直向上，有时也会下降，上升，下降，再到"此地"（here-ing，从此地移动到此地，从此刻移动到此刻），任何存在于我们自身的部分都不需要排除在外，不需要逃避，也不需要逃避自己逃避的行为。困难之处在于，剥离这些面向的观点，但并不剥夺其基本能量。最终，将这些以往我们不需要的部分回收利用。健康的超越能为这个过程创造足够的空间，同时始终如一地保持清醒和慈悲之心。

就像我们看到的那样，"往上、往上，然后离开"，是不健康的超越咒语。健康的超越咒语是什么？"超越一切，都在其中。"心灵就有了更大的空间。

第六章

切 断 灵 性 捷 径

　　灵性逃避经常表现为一个迅速取得灵性进步的机会，或是一种迅速开悟的幻觉。产生幻觉的原因是认为修行有捷径。我们企图从混乱的世界、困难的关系和令人不愉快的情绪中逃脱，但所有我们想逃避的实际上都会制造痛苦，然后将我们拽回到曾经略过或者没有好好去做的功课上——那些需要我们去领悟和整合的生命功课。

　　陷入灵性逃避之中的我们不会认为自己是在走捷径，而是认为自己已经看透外在的一切，不想再把时间浪费在那些将我们拖入或推入过去的活动中。这一点并不令人惊讶，但这个看法是有问题的。因为那些被视作与我们无关的活动，其实对开悟来说是必需的。比如，即便我们知道这样不对，但我们还是会选择情绪冷淡的伴侣，我们的能量也与这种模式一致。我们不愿意和这些模式亲密（特别是在心理治疗中），而是采取各种各样的方法摆脱它。我们采取的"救济方法"有：重复性地做肯定陈述（我吸引了最完美的伴侣）；做那些能让自己平静下来的冥想，将重点议题转为次要议题；或者聚焦于无条件的爱上面，并将亲密行为理想化（这样，我们被情绪化地拉向那些得不到的伴侣上，又因希望渺茫而产生怨恨），而不是让自己脱离痛苦——由功能失调的关系、难以获得的亲密关系带来的痛苦。

如果我们被灵性逃避控制，我们会认为"为什么我没有伴侣"或"为什么总陷于一段困难重重、停滞的关系中"这一类问题很合理，而且通常不认为这是问题——船没有摇晃，树没有摇动，不会从做好人转变为做真实的人，不会深入伤痛，不会有真正的突破以实现真正的整合。要想对这个模式——吸引那些情绪冷淡的伴侣——做工作，我们就要深入它的根源、揭露它、毫无戒备地感受它，感受它的起源、感受它第一次形成时的痛苦。如果我们在这个过程中的努力是清晰而有深度的，而不是进行一次智力游戏的话，我们就不会重蹈覆辙，我们就会从这一模式中解脱出来，不会再机械地选择情绪冷淡的伴侣了。

这不仅仅是一件心理学上的工作，更是一项有关心灵的任务。这项任务能够清晰地唤醒我们的条件反射和潜在的运作机制。有了这样的了解，我们就能够找到真正理想的伴侣，并对自己负起责任。如此这样，那股将我们拉向他人的力量，就不会再像以前那样主宰我们的行为。

我们用很多方法来弥补关系中亲密感的缺失，比如跳进各种理想化的关系中，徜徉在完美伴侣、谭崔极乐、无条件的爱的概念之中，宣称这种跳跃会将我们带入更高的层级。这就像我们舒服地坐着直升机，短暂地经过了一下珠穆朗玛峰，就说已经到达了珠峰一样，其实我们根本没有着陆。没有攀登过，就不会有任何艰苦跋涉的经验，也不会拥有实际攀登所练就的那种安住此地的能力。我们搭乘"直升机"发现了一条捷径，但也错过了通过攀登才能获得的真实的、具体的、可以和他人分享的知识。（这种状况也适用于那些反复使用迷幻剂获得高峰体验的人。）在理论上，可能到达了顶峰，但真实的"我"可能并不存在于那里，所以不能将之称作真正的登顶。

在灵性逃避的陈列柜中，可能有大量"珠穆朗玛峰"似的存在。它们就像猎人用目光呆滞、了无生气的巨兽头颅来装饰墙壁一样，看起来光鲜，回忆起来精彩，实际上却不过如此。

陷于灵性逃避的人通常对小一些的山峰没有兴趣，迈一大步、跳一大步、摇身一变的想法更具吸引力。对愤怒和侵略性的不同之处进行深入的探索，观察它们反应机制的来源及演化历程，或许令自己变得脆弱，这远没有单纯追求灵性和开悟有吸引力。

灵性逃避者会经常深陷于心理问题和不愉快的情绪，也经常深陷于宏伟的蓝图以及宏大的计划。这些人专注于"上升"，这样就不需要注意到来自"下面"的令人不快的拉力。

有些人通过"灵性逃避"来做生意，比如利用正向积极思考的信念来获取利益的人，通常会在广告中羞于承认这一点。他们会说这不是教你去逃避，而是给你提供了一个灵修的机会。他们出售灵修的捷径和伟大的理想，他们将灵修的宏伟蓝图、良好的客户评价、关于市场的大肆宣传都打包给你。这些东西大部分与我们息息相关，是为我们这些饥渴的灵性产品消费者量身定做的，是具有神奇效应的产品。你不需要任何努力，就会拥有一个伟大的、舒适的、丰富的、洋溢着爱的生命，你就会有灵性的觉醒。哇！越快越好，为什么要错过这样一个绝妙的时机呢？

如果不是从咨询行业——这是打包出售个人成长捷径产品的先驱——获取灵感，这些灵性逃避的经营者和古鲁们并不会在市场上成功。灵性逃避者虽然看不起咨询行业愚蠢的、令人尴尬的物质主义元素，却可以说是后者的同道中人。灵性逃避者穿着一身流行的灵性装束，说着相同的陈词滥调——要与众不同，要服务，要回馈。这些陈词滥调披着一件形而上学的外衣，为那些天花乱坠的广告打造出一种体面的形象。

灵性逃避就是一条绕道的"捷径"，是对真正重要事物的远离，是在形而上学的死胡同里瞎溜达。它就像一份没有营养价值的速食品，一个在最高级看台上的座位；它开发的不过是充斥于当今文化生活中的快餐式心智产品。提供给那些热衷于灵性逃避的人心灵上的慰藉，是一笔划算的买卖。其目的是缓解那种压倒性的、近在咫尺的恐惧感，尽管这种恐惧感有时难以察觉，却深深地困扰着我们。

我们不管它是什么，只想赶紧得到它。无论是喜爱吃速食，还是贪念短期利益，我们只追求快，就像快捷的关系修复和迅速见效的灵修，我们吃着有机薯条，享受着可以轻易到手的快感，坐在车上观光了一下神性。你只需有一个开放的心态、一个充足的钱包，一个周末就能修出数年实践的成果，那么谁还想去浪费时间？我们甚至被告知，只有一件事阻止我们看到渴望的结果，那就是我们缺乏信心。于是，羊儿继续被剪羊毛，快餐生意照常进行。

我们越是急切地想要变得有灵性，就会浪费越多的时间。这就是我们内在的"灵性贪婪"，它能让我们走得更快，但同时也让我们步履沉重；当我们四处搜寻是否有更好的办法时，就是它让我们在原地打转。真正的"灵性饥饿"（spiritual hunger），并不会让我们如此急迫，也不会如此浪费时间。当我们全神贯注于灵性时，我们并不受时间限制，即使我们正在处理公务。唯一的捷径是放弃任何捷径。别着急，我们上了这辆大卡车之后，花多长时间到达目的地并不重要，因为在心里我们知道，无论这条路是多么蜿蜒曲折，我们正在向正确的方向前行。

为了想要的，我们付出了很多，但我们却很少为真正需要的付出。一个男人有一次问上师，他怎样才能最快地开悟？上师听后为之落泪，因为他看到了此人之所以陷入对快速开悟的渴望，是因为经历了太多痛苦。我们以为，开悟后就能令我们对生活中的麻烦和痛苦免疫，这真是个妄想！开悟意味着通过面对每一种艰难困苦，从而获得解脱，绝不是逃避。

一旦我们产生想走捷径的念头，就会同时产生摆脱这个念头的渴望，这种感觉超越心智层面。直到我们深入它的中心，才会发现那里有很多恐惧，但是当我们和这些恐惧感待在一起，感受它们的存在并培养与它们的亲密感时，它们就会转变成更加富有生机的形式。我们和这些恐惧的沟通，能够扩展它们原本的界限，直到我们安歇在存在的感觉中。此时你可能注意到你的身体——不久前还是那么令人可怕——充满能量（patterned energy），这仅仅是因为你给予了它足够的关注，其他什么都不需要。带着这种本质上的放松，你就不会再急迫，不会再有走捷径的渴望。

行动起来吧，面对忙碌的一天，动起来（Gotta run. Busy day ahead）。这（灵性逃避）是一个讨厌的家伙，但仍旧令人陶醉。忙碌让我们的生命被填满，以至于我们从不曾察觉那些秘密溜走。然而，在我们高速运转并渴望走捷径的日子里，仍然有些东西会穿过缝隙，使我们放下灵性的野心，为其全神贯注；觉醒吧！进入到一种全新的生命模式中，在这里不再渴望走捷径。我们会感恩自己选择了这种模式；微笑吧！怀着慈悲面对我们过去所做的各种灵性逃避的行为。沙漏吸引了我们的目光，旋转，进入到流溢的、燃烧的曼荼罗里（含纳了各个不同的自我），留下此刻无处不在的澄明，优雅地栖息在这里。此时，语言不过是虚弱的回音。

第七章

阴 影 工 作 :

走 出 阴 影

探究内心的阴影指的是承认、面对、处理和整合那些我们不要的、否认的，甚至拒绝的内在部分。宗教领域和大部分修行方法，尤其是那些忽视了心理和情感维度的方法，都并不重视或不强调探究内心的阴影。（出于这个目的，在这一章我不会讨论偶尔被谈及的"金色阴影"——被我们拒斥的最好的品质、真实的本质，而是要谈论"黑色的阴影"以及它不讨人喜欢的特质。）这并不是说宗教和修行要做心理学的工作，而是说这两个领域需要接触更多的实修，也需要实修的支持，比如探究阴影。

当代的灵性机构在基于更具有整合性的观点以外，还顾及了更多的现实情况——比如精神病的抑制和发展，认识到了修行未能触及到一些本质性的因素，或者无法有效转化它们。一旦探究内心阴影这一概念更为人们所接受（可能是因为心理治疗广泛的文化影响），它就会出现在——但是是拐弯抹角地——传统的练习中，而在不久前，这一点还没有被考虑到。

这一发展似乎也使灵性逃避的问题凸显出来。但毫无疑问，探究阴影的概念使得灵性逃避方式更复杂多样。肤浅地探究阴影很容易给人造成有深度的错觉，即使是正在这么做的人可能都体现不出这种肤浅性。很可能是因为我们身在水池之中，看不清楚我们仅仅是在水池的浅水区扑腾，安全地远离了阴影的深水区。是的，在水池里总比在水池外好，可将浅水区误认为深水区，这恰恰就是更大程度的灵性逃避——不管我们把身上搞得有多湿。

内心中的阴影到底有哪些元素？它们是待在黑暗之中，但投射到他人身上的一些有代表性的品质和特性。这个投射让人产生出这些元素并不属于自己的幻觉。无论在个体层面还是集体层面，揭穿这些幻觉，再造这些被排斥的存在元素，就是探究阴影的本质。这一过程要求我们做很多内在工作，包括情绪的释放和透明，而这一点可能对我们来说相当陌生。如果我们真的致力于这项工作，有时我们会感到非常不舒服。当旧伤的表层以意想不到的方式被撕开，当我们的身份感发生改变——用一种挑战性的方式，此时可能需要真正地问自己：我是谁？我是什么？

真正去探究心中的阴影绝不会让我们完好无损。这个过程可不是干净和整洁的，在本质上它是混乱的，生死攸关的，不可预知的，不亚于婴儿的出生。这头踢我们的驴正是我们的坐骑；它带给我们的痛苦正是我们在生活中时常试图逃避的；这些痛苦所催生出的心理和情绪上的阻碍，正是带给我们突破的先驱；这扇打开的门年复一年地在我们梦中出现，等待我们推门而入。探究内心的阴影不是要毁灭我们，而是要使我们敞开自己，将冰冻的昨日融化为今日的水流。

探究阴影的第一步是充分地觉醒，看清真正发生了什么，然后命名它。比如，因为伴侣之前说话很不友好，我们生了他或她的气，现在，我们正挥舞着正义的拳头，比着食指恶语相向，仿佛要将伴侣送上法庭受审，结果让自己的愤怒变成了冒犯。如果我们能认识到自己也是造成这种沟通方式的原因之一的话，至少能在某种程度上终止它。如果我们能进一步，命名我们所做的——将无情的、侵略性的、防御性的内容投射到伴侣身上——我们就拓宽了自己的视野。现在，我们已经开始照亮阴影了。

下一步是坦诚地与所发生的事情沟通。在这里，脆弱性和透明性都是需要的，即使我们不能完全敞开自己的内在，也要表达这种心绪，承认自己还不够敞开。承认的感觉可能相当困难，特别是在我们没把事情做得更好或更巧妙的时候，我们会感到尴尬和羞愧。实际上，羞愧可能会迅速地转变为其他情绪或状态，比如愤怒（对伴侣或者对我们自己）、抽离或者封闭，以至于我们几乎不能再清晰明确地表达什么了。

但是我们仍然可以表达出这种困难的处境，只要事先有一个共同商议好的信号就行（比如用手触唇）。要点不在于为我们的草率行为开脱，也不是让伴侣逼着我们退到一个角落里，更不是和我们对峙，而是我们自己来这样做。是的，这种自我揭露的方式常常是困难的——可能会让我们的"自我"鼻青脸肿——但是如果我们想要一个成熟的人际关系，这是可行的，也是必须的。

尽管我们需要面对的很多问题是自己造成的，但让它浮到表面并进行处理，在大多数情况下与人际关系的问题有关。比如，刚才有人对我们说了什么或者做了什么，我们所产生的反应，可能会引起在幼年时候遭到同样对待的回忆，这时才突然发现自己被往事所羁绊。我们陷入类似的情景是为了处理眼前发生的事。当回忆和其他情绪相互影响，我们深深地感到回忆占据了我们，却不知道发生了什么的时候，我们就坠入了黑暗之中。那是什么把灯点亮了？是我们意识到自己正在做什么后表现出的行为，这可能是改变了的语调或者姿势，也可能是其他人意识到我们在做什么，然后以一种我们能理解的方式告诉我们。两种方式都能将阴影点亮。

当然，探究阴影可以独自进行，但有一个精于此道的人支持、陪伴我们，效果要好得多。从一个情绪上安全的距离来思考阴影元素，与待在阴影的洞穴里，与其一同呼吸，二者完全不同。一步步地接近一个特殊的阴影元素，和看着它、与它发生连结一样重要。这样做通常伴随着很大的情绪起伏，尤其是当我们发现自己短时间内缺乏成熟的技巧时。这是因为我们内在的童年创伤浮现到表面来了，我们得洞穿它们，感受着它们的感受。关键的做法在于尽可能地接近它们，待在那个生冷刺痛的情绪里，为正在发生的一切命名，并照亮它，而不再被旧有的观点牵着走。一旦我们能够娴熟地接近伤口并能够理解伤口形成的背景时，过去和现在就建立了顺畅的连结，疗愈就能很好地进行了。那时，阴影将不再待在黑暗中，我们的勇气也将倍增。现在，我们的内在之火不仅只有热度，而且还发出了光芒。

探究阴影的本质是对情绪的深入感受，不仅对我们自己是这样，对陪伴我们一起探究的人也是一样。假如我对于自己所遭受的虐待都没有真正地释放怒火，那么我如何才能真正理解你因为虐待而压抑的怒火呢？如果我没有痛哭过，我又能为你深深的悲伤做什么？如果我从来没有深入到恐惧的核心，我又怎能真正地陪伴你深入到你的核心？如果我没有穿透我伤口的根源，我又怎能期待你在我面前这么做？

探究阴影并不是那么容易的！在开始时会遇到阻抗，阻止探究得更深；我们为了保证自己做得正确和让自己感到舒服付出了太多的精力，却很少意识到真正发生了什么。最初，我们胡乱地对内在的情境进行投射，这种把戏很像冷战期间美、苏两国做的事情。这一点并不令人惊讶，因为有太多未经检视的阴影在我们内在翻腾，以至于在人际关系之中，我们好比在无人区战斗，目的是控制对方，对他们为所欲为。但最终我们取得了没有意义的胜利。

当我们继续深入时，我们疏远阴影元素的习惯，会被满怀慈悲地、勇敢地拥抱那些我们否认的、被边缘化的和抗拒的内在部分的做法所取代。我们越是深入到阴影之中——但并未让自我迷失——就越能释放阴影的能量，并发展出与阴影真正的亲密关系，直到阴影不再是"它"，而重新成为我们的一部分。这是一个真正的有机的整合，直指核心，呈现出一种整体的、平衡的感觉。我们挖掘得越深入，我们越不在乎过程的颠簸。真正重要的并不是我们的阴影有多少，而是我们选择与其保持什么样的关系。在灵性逃避中，我们要么选择不和阴影有关系，要么就只是在思考层面建立关系，因此阴影还是在黑暗之中，疏远讨厌的那一部分自我太容易了，也太平常了。我们将它们捂得那么深，听不到它们的哭声，最多能远远地听到点回声。是啊，它们的小拳头，柔弱稚嫩的小拳头，不停地敲击着我们的胸膛，呼唤我们，请求我们去连结它们，照亮它们，请求我们去爱，去疗愈。我们要做的不过是接受它们——那些我们花了大半辈子逃避和否认的部分。是啊，这是件棘手的事，然而你绝对可以做到，只要你有意识地一步一步努力前进。

真正的探究阴影不会让我们对灵性的认知或者领悟凌驾于情绪之上，并以此为由压制和轻视情绪（也不能迷失于情绪之中，或者低估认知的价值）。识别出内在的评判与深入到痛苦的核心并不相同，后者会让内在的评判变得更合理。识别我们不同的面向，让它们发出声音是有好处的，但是如果停留在此，会限制发展我们与深层核心的关系。在某种程度上，进入得更深意味着充分地碰触、感受我们的痛苦，睁开眼睛、敞开心扉，然后进入这个痛苦，穿透它，和它越来越亲密。一旦我们走在正确的路上，我们就不会在一个阻隔了情绪的安全距离——而是带着更多的真诚，请某一特定的阴影元素发出声音。阴影的哭喊就是我们的哭喊，阴影能到什么地方我们就能到什么地方，对它们的排斥如今已成为历史，成为那段破碎时光的纪念品。

真正的探究阴影是将我们所有的部分含纳进来：身体、情绪、心灵以及社会性的面向。为了达到这个目的，心理治疗是基础工作——不是那种传统的谈话治疗（比如认知—行为疗法），而是情绪修养治疗、躯体协调治疗、灵性活力治疗（emotionally literate psychotherapy, somatically attuned, spiritually vital psychotherapy）。直觉性地、敏锐地进行身体疗法（bodywork），与情绪的释放、治疗的引导与洞察是协调并进的，会为我们找到治疗的方向。在处理阴影元素时，身体疗法很有用，而且在短时间就能见到效果。（更多治疗方法的使用，参见附录一）。

如果我们的指导者，比如心灵导师或者心理治疗师，对自己的内心阴影没有做足够深入的工作，就不会十分了解这些。那么对他的学生或个案的行为就会感到不自在，于是就有可能中断或者忽视这一工作（因为这会引爆到他内在未解决的旧伤），并且不承担任何责任。

如果一位心灵导师并未采用任何有关深度心理的疗法，就宣称自己在和学生探究内心的阴影，那么他们只会伤害学生以及他们自己。学生不会被引导进他们痛苦的根源，而只是在表面上做肤浅的研究。是的，有一些方法，比如空性冥想，虽然能创造足够宽广的觉察空间，并将阴影元素带到表层，但是这类方法的作用最多是在冥想时注意到阴影内容，但仍然是不充分的。我们必须充分地感受自己内心的阴影。而且，如果冥想对我们深入阴影不起作用，还不去做点别的什么探索，比如心理治疗或者中断练习，这将会多么可惜！

　　我们不能让阴影一直待在黑暗之中，而应该与其构建真正的亲密关系，并带给它明晰的、友善的慈悲，这种慈悲既强烈，又温柔；既恰到好处，又无远弗届；既是个体化的，又是超个体化的。这样的深切关怀有助于转化我们与阴影的关系，阴影的能量就不再是我们幸福生活的阻碍。通过这种深度整合，我们具有了真正的整体性，并向更深刻的生命敞开内心。

第八章

灵 性 逃 避

是 如 何 产 生 的

痛苦。

更准确地说是逃避痛苦。

痛苦与生命如影随形，同时我们应对痛苦的方式也令我们痛苦。无论我们是借酒精、麻醉剂、情欲、理智、物质、利己主义的方法来逃避，还是用灵性的手段来逃避，大部分的痛苦都是因逃避痛苦产生的。这些逃避方法虽然有麻痹和止痛效果，但最终却会催生出更多的痛苦。然而，这一事实却并不能阻止我们继续逃避痛苦。

我们对痛苦的抗拒会放大痛苦。我们越是想逃避痛苦，痛苦就越深、越顽固。当我们停止逃避和评判，不再和痛苦搏斗时，痛苦就会开始服务于我们，而不再给我们制造阻碍。要想与痛苦变得亲密，就必须穿越痛苦——借由受苦我们不仅认识到，想得到宝藏就必须与守护宝藏的巨龙正面遭遇，而且与巨龙的狭路相逢也确保了我们已经足够成熟，能够真正地欣赏和善用这些宝藏。巨龙不是阻挡我们前进的庞然大物，而是前进道路的一部分。

当我们陷入灵性逃避中，我们不想面对巨龙，而是将巨龙当作智力低下的障碍物、残余的负面事物，认为它只是我们曾经的恐惧所投射出来的。同时，一旦我们相信那是宝藏，不管是什么，都会认为它是属于自己的（while at the same time portraying the treasure, whatever it is, as ours as soon as we believe it to be）。这样，宝藏和对宝藏的概念就混为一谈了。

　　通常陷入灵性逃避中的我们会与生冷粗硬的痛苦隔绝开，使自己孤立无援并麻痹自己，成为绝缘体。我们感觉不到自己深层的感受，也感觉不到他人的痛苦，以至于对那些最严重的痛苦，我们也只能做出肤浅的回应。这是超然，但绝不是健康的超然！在健康的超然中，我们与正在经历的事物保持距离，但并未与之失去连结。然而，无论我们完全麻痹自己还是局部麻痹自己，都是为了不让自己感受到疼痛，所展现出的也只是心智上的慈悲，而绝不会有真正的慈悲。无论我们多么善于表现慈悲、博爱、平和这类心灵美德，它们多半是抽象的，而不是对原则充分的具体化（fully embodied principles）。此时此刻，我们正从生冷粗硬的痛苦中逃开，而不是在某种程度上允许自己清晰地专注于当下发生的事情。

当我们陷入灵性逃避时，我们只想得到宝藏而不想面对巨龙，我们自以为只要挥舞正向思维和意图的魔术棒，就能战胜任何负面思想和情绪，但其实它们并不那么容易被打败！不管我们有没有发现问题，也不管是不是违背了我们的信仰，我们很容易对负面的事物抱有负面态度，并从痛苦中拔腿就跑。面对痛苦才是真正的关怀——不仅是对我们自己的关怀——因为只有这样做，我们才能停止为我们上瘾的逃避行为提供燃料，虽然我们一直以为这些上瘾的行为能使自己远离痛苦。在选择面对自身痛苦的同时，我们也面对了他人的痛苦——虽然并不是直接的——既是在个体层面，也是在集体层面（既在个体的背景下，也在集体的背景下），这样我们对他人的慈悲变得更加宽广。面对自身的痛苦，是将所有我们拒绝的、放逐的、否认的、忽视的、绕开的、躲避的、驱逐的或者别的我们认为无价值的内在部分带入到心中，并给予安放它们的空间。我们都面临着相当大的挑战，其中最大的挑战是个体和集体的境况。为了和我们的境况产生连结，而不仅仅是认同它，我们就不能只从理智层面理解，也不能只是面对和进入痛苦之中，而不去管造成痛苦的条件。而且面对痛苦，勇敢地选择与痛苦亲密，与痛苦的根源亲密，需要我们付出更多，而不是仅仅拥有一个信念——我们被教导的，或者我们读到的关于我们本质的信念；或者是机械地照本宣科这些信念。为了从痛苦的海洋中浮出水面，我们必须进入它。

我们越是害怕痛苦，所采取的灵性逃避方法就越极端。比如，我们会表现出某种特殊的灵性状态，在自大狂（膨胀的大人物）和假装的谦卑（膨胀的小卒子）之间来回徘徊。这种情形与过度控制类似，通常那些成长时极度缺乏控制力的人会渴望这一点。我们可能发现，他人的痛苦，特别是情绪上的痛苦令我们非常不舒服。因为他人的痛苦——虽然是静悄悄的——会与我们潜在的痛苦共振，刺激我们的痛苦向表层靠近。当我们陷入灵性逃避时，我们不愿意承认，也不愿意感受自己的痛苦，于是就会与他人的痛苦保持距离，可能还会对他说出一大串灵性妙语，诸如"告诉我，你正在逃避的是什么，它创造了你现在的实相"，或者"一切都是最好的安排""别再生活在过去"，还有可能是最普通的一句"这是你的业"。这些都是为了让自己与他人的痛苦保持距离——足够的距离。

并不是所有的灵性逃避都会这么明显地逃避痛苦，逃避的伎俩可能非常隐蔽。比如，以正念的专注力观照心里升起的一切念头。这本身并不是灵性逃避，但让我们仅做一名中立者，观照一切升起的念头，是有危险的，容易成为过度消极和冷漠的观察者，因而疏离过度。

我们可能会发现这样做是很舒适的，将正在发生的一切都置身事外可以培养我们的心灵美德。当然，这并不是说这个练习是错的，而是说使用这一方法容易出错，或者会被教错。比如我们在冥想的时候，本以为自己与痛苦在一起并随时随地地观察它，但其实我们只是在压制它，运用我们的观照能力来与之保持距离，而不是与之亲密。

如果一个冥想方法首先是用来逃避痛苦的，那么灵性逃避就发生了。但是，用冥想来停止痛苦或减少痛苦的强度，并不一定是单纯灵性逃避的表现，而是一种放松。这种放松能够让我们深入到生命之中，扩展边界，软化痛苦的区域，给痛苦更多的呼吸和伸展的空间，让痛苦呈现出它们不同的面向。一旦痛苦不再那么尖锐，我们就能将注意力对准它，在内心深处认识它，并发现疗愈痛苦之药就存在于痛苦之中。我们越是与痛苦亲密，我们受的苦就越少，这与我们通常秉持的信念是相反的。通常，我们以为自己处在痛苦之中，其实并不是真的，而仅仅是离它更近了。实际上我们仍在痛苦之外，仍旧想移除它，仍旧和它保持着距离。借由有意识地、慈悲地进入到痛苦之中，培养与痛苦的亲密关系，我们才能真正从痛苦中觉醒。我们的伤口仍在，但是我们和痛苦的关系变了，痛苦不再是麻烦事，痛苦是通往"真正重要的是什么"的大门。

这里的关键点是不要美化痛苦的觉醒力量，也不要因为它的存在而唉声叹气。真正的自由绝不意味着没有痛苦，真正的自由是充分地拥抱痛苦，而不是迷失在痛苦之中。这意味着全然地面对那条巨龙，它正守护着我们探寻的宝藏。巨龙是什么？巨龙仅仅是令我们恐惧的，或者威胁我们的事物的原型，并不来自外部，而是来自我们的内在。为了找到宝藏，无论是什么样的巨龙在守卫，我们都必须直接面对它。

一开始，我们将巨龙——不管我们将它们塑造成什么样子——视为一种阻碍、问题或麻烦。但是，慢慢地我们就不再将它视作阻碍、问题或麻烦了，而是视为前进道路的组成部分。这条路通往何方？那是一个我们长久渴望的所在。在这条路上确立自己，意味着我们放弃受苦的执着，直到我们和痛苦之间什么都不存在。这就是我们即将启程的旅行。我们选择承担，不仅是为了自己，也是为了众生，我们的疗愈越深，力量就越强，越能给他人带来活力。

我们可以面对巨龙，经由与巨龙的相遇，我们可以找到疗愈和觉醒的力量，进而获得自由——我们的生命之光。我们认识到，这一过程的目的不是摆脱痛苦，而是通过深入痛苦而获得解脱。

第 九 章

解 剖 魔 法 思 维

灵性逃避在心智层面可能会表现得非常狡猾和复杂，但有时（特别是在"新时代"）却会表现得非常单纯，其中最具代表性的表现就是魔法思维（magical thinking）。

从巧合（coincidence，也有同时发生，一致的意思）中找到因果关系——赋予无根据的重要性——就是魔法思维的核心。比如我们正急匆匆地赶路，内心"要求"前方交通信号灯马上变绿，结果交通信号灯真的变绿了。即使我们相当明事理，也会把自己的"要求"和交通信号灯变绿的现实联系在一起，而不会认为这两件无关的事情同时发生只是巧合。我们都有这样的时候，而这就是魔法思维。在"新时代"层出不穷的教条中，这个信念深入人心，让我们相信自己有能力通过思维的力量迅速改变世界。

迷信或许是魔法思维最显著的表现形式。我们中有多少人为了避免霉运而不在楼梯下方行走？或者仍然确信星期五或每个月的 13 号是倒霉日？当然，我们可能知道这些想法都缺乏逻辑依据，但我们仍然深信不疑——也可能有一点尴尬——然后继续这么做。谁不是这样呢？

魔法思维属于前理性认知，其中混杂着迷信因素与虚幻的连结。将因果关系和相互关联混为一谈，将事情归因于我们的愿望和渴望，相信有一种没有限制的显化力量，这就是"魔法"这个词语的意思。因此，如果我们是一个"魔法思维者"，想要某件事发生，那我们专注于这件事上，全然地渴望它，然后它就会自然而然地发生；或者我们会绕过现实的法则和其他不便条件去思考。（在梦中我们很自然地这么做，我们真的可以瞬间改变梦中的场景。）如果我们的信念足够强，那么我们想要的就会出现——或者事情会按照"成年人"魔法思维的路径发生。

这种认为自己是全能的想法产生于童年时期，那时我们的好奇心和想象力正在充分发展。举个例子来说，一个小孩正在行走，他注意到不管他加快还是放慢速度，太阳一直在跟着他走。所以对他来说，他很容易得出一个结论：太阳真的在跟着他，仿佛是一个气球，气球的绳子在他手中握着。再举个例子，一个小孩哭的时候天上下起了雪，他就会认为下雪是因为他掉眼泪了。也可能小孩子会相信，行走时陷入人行道上的裂缝中，会给自己带来灾难，或者会被惩罚。这种自我中心主义（egocentrism）——强制性地相信所有事情都以自己为中心——在小孩子的成长过程中是自然而然的，但对成年人来说就不正常了。但这样做的成年人并不在少数，那些陷入灵性逃避的人就经常用这种方式思考（也包括那些宣称自己超越了自我的人），并认为他们从中获得了好处。他们并没有意识到这种思考方式活生生是一种自恋和迷信的表现，这种表现在灵性逃避者身上很常见。这些人相信，如果将灵性能量聚焦于他们想要的东西身上，他们就会得到它。当然，如果他们并没有得到自己想要的，那么这一失败仅仅意味着自己没有足够关注这件事。虽然这种思维模式相当幼稚，却十分流行，尤其受这类人推崇：执着于正向思维、所谓的丰盛意识（prosperity consciousness），以及将贪婪灵性化的人。

这并不是说魔法思维在本质上是错误的。这种思维模式在人类的童年和种族早期的进化阶段是必要的，对于我们的想象力和做梦的能力也是必要的。然而，当我们让魔法思维脱离隐喻领域，将其当成是真实的时候，就会陷入困境，就好像将现实生活装进我们自己制造的盒子里。魔法思维并不必然意味着是反科学的和容易使人上当的骗术，也不一定意味着是"新时代"的鼓吹或是灵性逃避中最有效的方法（我看到指导灵在你的右肩后面，你能证明它不在那里吗？）。魔法思维可以给我们带来思维重组的快乐，可以让我们写出歌颂生命的诗歌。它在我们心灵中有着适当的位置，赋予我们的知觉色彩，而不是活生生的力量。（想一想，伟大诗歌独创性的迂回曲折，是多么令我们震惊啊，这些都是我们运用魔法思维的结果，甚至使我们的魔法思维相形见绌。）但是，如果魔法思维是用于这样的情形就是危险的：一个陷入悲惨境地的人，声称是他自己将悲惨加诸于自己身上的。那些感到要对自身的困境负责的人出于羞怯而不去寻求他们所需要的帮助。他们羞于接受帮助，或者无力找到更好的解决办法。

当我们被外在的环境击倒，感到非常悲痛、震惊、受伤或者无能为力时，魔法思维对我们——特别是我们的内在小孩——就很有吸引力。在这种状态下，魔法思维就像一针提神剂，直接给了我们一个诱人的承诺，令我们安心、陶醉，并引诱我们转移注意力，陷入对未来的憧憬中。如果承诺看起来很虚幻，是因为按照字面意思它就是这样的。在梦中一个念头能够迅速改变周围的环境，这就是魔法思维迷人的力量。如果我们感到无法控制我们的生活，魔法思维就能帮助我们找回控制——至少看起来找回了控制。

　　这并不是说我们的思想——我们思考什么，怎样思考——没有力量；我们的思想并不能直接（literally）创造我们的实相，但能对实相产生巨大的影响。那些修习清明梦或者高意图思维（highly intentional thinking）的人们清楚意念拥有多么强大的力量和影响力。但是在清醒状态下，认为思维能够让物理世界按照我们要求改变，无异于痴心妄想。很明显，认为太阳跟着我们走就是一种幻觉，所以，如果我们认为专注于想要的事物上并进行足够多的正向思考就能获得它，这种"我能拥有一切"的想法也是虚幻的。

　　有一个众所周知的科学事实是：观察者（以及观察过程）不可避免地会影响或改变被观察者。那些以此来证明我们的思想创造实相的人，混淆了"直接创造"的含义。是的，观察者和被观察者（被观察者并不能也不可能被真正地观察）是不可分的，但他或她并没有创造被观察者——除非他在全能的幻象中创造了它！

　　我们要理解魔法思维，而不是深陷其中，然后我们就能看到和感觉到它的吸引力。我们甚至可以把魔法思维看作创造过程的一部分，从中发现灵感，发现我们的诗意秉性。但是，对那些穿着新时代长袍，陷入灵性逃避的人来说，魔法思维则是达成目标强有力的手段，而不是一首虚幻的塞壬女妖之歌。魔法思维经常就有这种虚幻的力量。

　　即使像我们这类最明智的人，在遭受生活打击时，也会这样思考——尽管很短暂，所以不要对魔法思维太严苛。当我们受到严重的伤害，迷失了方向，或者失去了对生活的控制时，我们就能在魔法思维中找到某种单纯而快活的慰藉。部分原因在于我们又回到了老路上，运用我们在年幼时以及在遭受很深的痛苦时学习到的处理痛苦的方法，来面对现在的心理和情感的失调。但是无论我们受的伤有多重，无论我们有多脆弱，我们最好只在魔法思维的梦幻岛屿上做短暂停留，而不是定居下来。

　　魔法思维严重依赖某种"信号"（sign）——不管是内在的还是外在的，很明显的线索。这些"信号"似乎给我们指引了方向，或让我们确信某些直觉上感受到的事物，就像"在前方给我们开了绿灯"一样。这其中通常混合了迷信和直觉。比如，我们打算买一辆车，但不知该买蓝色还是黄色的，此时我们到书店买了一些期待已久的书，发现这些书的封面是蓝色的，所以我们得出结论：原来自己想买一辆蓝色的车。

这个故事很好笑，却是我们所有人都会做的事。我们在各种时刻都会陷入这种思维模式中。购物时没有停车位，我们可能会认为这意味着此刻我们该回家，另找一个时间再来，或是到其他地方买东西；去开一个重要的商务会议时，我们经常穿上"幸运外套"；还有护身符、特别的宝石碎片。或者离开房子时敲前门两次，诸如此类我们都将其与好运联系起来。如果我们笃信这些东西被赋予了力量，那么就会对我们的生活产生影响。

不管这些迷信多么荒谬，我们都将其与正在做的事情紧紧联系在一起，无论是有助于商务会议上的表现，还是让我们击出最高的全垒打，或者在战争中毫发无伤。这种做法大部分在文化上都是可以被接受的，至少是被容忍的。如果能帮助我们喜欢的运动员发挥出最佳水平，我们很少介意他"不得不"穿着特殊的袜子去参加每一场决赛。我们只希望他超过别人，谁还会在乎他的非理性思维呢？这里的关键之处是不要放弃、排斥或制止这些迷信的言行，而是要认识到迷信是魔法思维的"信号"，其中有可能存在着灵性逃避。

那些严重依赖这些"信号"的人，通常都会相信："没有什么事是巧合""所有的事都有一个原因"。所以，如果公共汽车来晚了或者一个苹果落到他们脚边，对他们来说一定有某种意义，因为这是一个"信号"。导致这种想法产生的一部分原因在于这是一种不透明的自我中心主义——假设这件事的发生是为了让我们学习某种功课。而不会考虑其他乘客的需要，也不会考虑司机的状态，或者交通、天气情况，等等。是的，这些都与我们有关。也可能是下雪让公交车来迟了，难道天气要教我们些什么吗？是的，我们可以从任何事物中学习，但并不是每一件事情的发生都是为了教给我们些什么！我们并没有那么重要，我们也不居于中心。魔法思维让我们感到自己比实际的样子更重要，并加强了这样一种感觉：我们是某个无限广阔事物中的一部分。当然这些看起来都很正面，是变幻无常的世界的缓冲剂，可是变幻无常正是我们存在处境的本质。

在写下上面的段落之后几分钟，我和妻子黛安看一张DVD。这张DVD叫"西雅图不眠夜"（Sleepless In Seattle），我从没有看过，也没有听说过。你瞧，是的，是"信号"！是巧合？可能是，但是很明显有好几部电影都和这个"信号"有关，所以……

什么是共时性（synchronicity）？它的定义是：一些不相关的事情一起发生所产生的某种有意义的联系。这不是一种魔法思维吗？难道这种猜测性的联系实际上并不存在？其实不是这样的，很多巧合其实并不是巧合，而是共时性。但这并不意味着所有的巧合、同时发生的事情都具有共时性。如果我手中有一支红色的钢笔，然后看到了一辆红色的车驶过，这就不是共时性，除非你的思维有前理性倾向。

但是如果我有一个从未对任何人透露过的原创性的想法，当我把这个想法告诉你时，刚说出一两个字，却发现你也有同样的想法，这就是共时性。如果我忽然需要某个从来没用过的工具去完成某件事，而此时住在一个小时车程以外的朋友却带来了这个工具，这也是共时性。很多时候，当我感到疲累的时候，客户会打电话来请求取消课程。这种情形比我不累的时候要多得多，这个事件的频繁性以及清晰的意义显示出这就是共时性。需要帮助时适时出现的人们；几乎不能再相遇的情人不经意地聚到了一起；接二连三的恩典——所有这些有重要意义的交汇一次次地发生，不能简单将其归类为仅仅是因为运气。共时性不是随机发生的，也不是对巧合的误读，而是生命中本就存在的连结的显现，它并不仅仅发生于前理性领域，也会在理性和超理性领域发生。

在新时代，魔法思维赋予了共时性明星般的地位，因为魔法思维用共时性来证实所有事物，但这反而使它的价值被贬低了，因此这个概念更容易受到那些对它持怀疑态度的人的攻击。不过，在摆脱魔法思维后，我们依然可以凭着直觉体验到共时性，而不是经过分析后得出结论：共时性真的发生了。共时性的发生通常伴随着某种感觉（比如高度敏感起鸡皮疙瘩），这是一种很明显的感觉，交织着超越世俗和超自然的意味——虽然很微妙，但关联性变得重要，而解释退居幕后。

通常魔法思维者会指出那些采用魔法思维取得成功的人——在金钱、健康或诸如此类的方面。然而，我们怎样才能知道魔法思维和他们取得的成功之间存在着真正的因果关系呢？很可能二者确实有相关性，但并不意味着是魔法思维使成功发生了。如果我希望得到某种东西并且我真的得到了，对于这件事情的成功而言，我的希望可能起到了一定作用，然而在众多因素中，这是唯一起作用的吗？如果我想知道是什么促成了我的成功，那我就必须将所有因素都纳入进来考量。毕竟，每个看似是原因的原因，背后都有更深刻的含义，按照这个规律所有的事物都交织在超级复杂的偶然性中。当两个或两个以上的不同面向交集在一起，并和我们产生了有意义的共振，互联性就产生了，而共时性仅仅是更大领域中互联性的一部分。此处并不需要剔除魔法思维，但不能让前理性的冲动伪装为超理性的认知模式。只要我们不质疑魔法思维，就会一直陷在灵性逃避中。魔法思维只是童年时期的纪念品，无须再留念，但我们也不必抛弃魔法思维，只需好好享受它，就像我们享受自发的快乐、孩子般的创造性活动和奇幻电影一样。

奇怪的是，当我们在头脑中放弃魔法思维时，其实并不会变成丧失魔法本领、无趣可怕的成年人，我们反而会找到更深刻的魔法，这就是觉醒的魔法。这个魔法会超越我们所认知的自己。这是一种非凡的纯真，不是那种幼稚或容易上当的纯真，而是第二种纯真，觉醒了的纯真。一旦拥有这种纯真，我们就会越来越熟悉存在的奥秘；我们不再渴望"回家"，而是坐在壁炉旁边，在每天的魔法中歇息，感恩在这里又多待了一天。

第十章

为 什 么 灵 性 教 导

不 纳 入 心 理 治 疗

　　除了在佛教传统中有一些教导心理治疗的心灵导师以外，大部分心灵导师在进行疗愈时，即便所采取的方法以及所开出的"处方"明显不管用了，也不会涉及心理治疗。特别是在处理深层创伤需要和社会心理适应困难等问题上，有些方法常常会失效。

　　这些导师并不会建议学员进行心理治疗（根据这一章的主旨，我并未将心理治疗限制在谈话和分析上，而是将情绪上的开放和表达、身体工作，以及合适的灵性练习，尤其是整合治疗纳入进来。具体的描述见附录一），而是依据传统推荐学员做进一步的灵性练习，似乎唯一的答案——或者唯一的好答案——是在规定好的道路上坚持下去。如果修行过程出了岔子，通常会归咎到学员身上；可如果修行过程没有出现问题，则都是导师的功劳。（功能失调的不良关系常常会有这种不均衡，它会让学生产生极大的羞愧之心，使他或她更不可能真的去质疑或挑战老师。）

　　导师——认为学生不需要也不应该进行心理治疗，或者认为学生应该在进行修行前完成了心理治疗，这一想法其实是在给学员帮倒忙。他们倾向于认为心理治疗仅仅是"我执"（egoity）的增强剂（与个人层面相关），会使人在重要的事情上——比如修行——分心，所以他们将"我执"视作一种应该被克服的阻碍，这一点也不令人意外。然而实际上，问题并不出在"我执"身上，而是出在我们对待"我执"的态度上。越来越多的心灵导师和采用灵性方法的心理治疗师指出，自我的发展对成熟的个体是必要的。但不幸的是，在很多灵修"竞技场"（arenas）中，"我执"的含义是负面的。当然，也有例外，比如很多当代佛教所倡导的内容。

另一个原因在于这些导师可能没有做过心理治疗，或者是对心理治疗有负面的经验。有些导师声称或者暗示重要的不是心理治疗（以及广义的心理治疗）而是修行，在他们看来心理治疗不过是沉溺在过去之中。这在不知不觉中暴露出他们是灵性逃避的忠实信徒，他们这样做也是在羞辱那些真正有心理治疗需要的学生。

我很好奇，持这种观点的人有多少是真正精通心理治疗的；有多少人真正了解心理治疗的不同学派；又有多少人能够分辨出（或者有兴趣去区分）何谓肤浅的心理治疗，何谓深入的心理治疗。我还很好奇，有多少人会承认技艺精湛的心理治疗师是极为"灵性的"（正如觉醒就是疗愈）。越来越多的心理治疗师在其工作中进行灵性练习，采用灵性的观点，同时在他们的私人生活中也是如此。但是，在工作中——当然也包括其私人生活中——采用心理治疗方法的心灵导师有没有越来越多？除了很小的一部分外，并没有出现这种情形。对很多导师来说，探究阴影是一种很浪费时间的退化的和低级的活动；同时，他们也认为只在头脑中进行探究就可以了。那些陷入困境的学生表示，灵性练习对他们来说是不够的，并不能帮助他们直接找到最有助益的资源。

当我指出，我们可以用更多精通心理疗法的心灵导师时，并不是指所有的导师都应该是心理治疗医生（也不是说所有的心理治疗医生都应该成为心灵导师）！但我们需要更多这样的人：熟悉心理治疗，不管他是一位真正的心理治疗医生还是一位见多识广的鼓吹者。那些不喜欢心理治疗也不了解其必要性的导师，对那些有心理问题——比如有情绪表达障碍和有退化行为——的学生，可能会起到误导作用。比如一些心灵导师（从佛教长老如一行禅师，到新时代运动的积极推动者们）告诉学生直接表达愤怒——无论怎样表达——是不好的做法时，其实是在帮学生的倒忙。这些学生，尤其是那些有早年经验使他们更容易压下愤怒的学生，可能会以"灵性正确"的名义不再表达愤怒。他们相信自己是与愤怒坐在一起（sit with），在与愤怒共处，可实际上他们是坐在（sit on）愤怒上面，是在压制愤怒。

　　心灵导师和学员之间很容易发展成相互依赖、未被承认的亲子转换甚至是崇拜的关系。因此对关系中潜在的危险性保持觉知就至关重要。即使是在最好的师徒关系中也要有这一觉知。可无论心灵导师已经有了何种造诣，如果他们缺乏心理学素养和情感素养，那么保持这个觉知就会非常困难。我并不关心心灵导师证得了什么果位，我更在乎他们是怎么做的！修行到很高的灵性存在状态，与真正成熟的存在状态（深层的觉醒、实现了整合）是很容易混淆的。学生通常非常信任这类"灵性文凭"（spiritual credentials），能够与一位有某种力量的心灵导师如此亲近，会让他或她感到一些骄傲。

　　是的，我们应该尊崇超个人层面的事物，拥抱它、安住在那里，但并不能以牺牲个人和人际关系为代价！任何事物都是经由人际关系而存在的，我们为何一定要避开它呢？为什么要避开"一切万有"（all that is）呢？为什么认为个人和人际关系层面就要比超个人、超越性的非个人层面低等呢？不管我们取得了什么样的灵性成就，避开任何个人和人际关系层面都是不完整的。真正的灵性是完全不逃避，是要认识到任何我们逃避的部分，都会增生、溃烂——目的是引起我们的注意。这些被放逐的部分始终跟随着我们，直到我们的灵性野心被揭露和彻底瓦解。

通常我们认为心理治疗是学习如何过上正常的生活（经由清晰地连结过去，采用更好的行为方式，诸如此类），但是心理治疗绝不仅仅只是这些！我所谓的心理治疗——包括身体、情感素养，具有极高整合性的治疗——天生就是灵性的，因为它能产生更深刻的（因此也是具有含纳性的）觉知；会在最完美的时刻从内在打开"心灵"（psychospiritual）的大门；会询问"大问题"（也是在最佳时间），而且渴望某种比答案更真实的东西。特别是结合了辅助性的灵性练习之后，这种心理治疗对于疗愈的需要而言，既是坩埚也是避难所。心理治疗会从谈话开始，然后很快就可以提出有助于更深入探讨的话题，包括在自己不同面向之间进行情绪开放式

的对话、根据情境进行宣泄，一步一步越来越充分地进入到痛苦的核心，然后穿越这个痛苦。（更多的心理治疗方法见附录一）

有些当代心灵导师在教学和工作中不涉及心理治疗，还有些导师在学生面前表现出他们的灵性已经充分觉醒，这两种导师都具有欺骗性和危险性。是的，极少一部分学生可能不需要任何心理治疗，但是这种个例不足以否定这样一个事实：对大多数学生来说，他们确实需要在灵性练习中增加一些心理治疗。

一些心灵导师并不想将心理治疗运用在学生身上，因为他们害怕那些想进行深入心理治疗的学生——可能有很多——会离开他们。这些导师可能宣称他们是发自内心地为学生着想，这就像某类家长一样：宣称自己知道什么是对孩子最好的，却忽视了孩子的真正需要。一些学生可能需要离开灵性团体，却又担心这么做会被那些留在团体中的人贴上"错误"甚至是"叛徒"的标签，特别是当灵性团体的领导者不高兴学生离开时，还构陷这些离开的学生为"背叛"。然而，一个成熟的心灵导师是允许他或她的学生离开的。对那些将整合自身个人的、超个人的和人际关系的面向当作基本要素的导师来说，更感兴趣的是什么对学生更好，而不是留住学生。这些导师并不会反对学生进行心理治疗，实际上还鼓励他们这么做。他们认识到，修行对学生来说可能并不完全对症，而其他方法——包括心理治疗——需要被吸纳起来。心理治疗并不会否定修行，而是服务于修行，能够促进修行。他们认识到，一个疗愈和觉醒的整合性方法并不仅仅是理论，而是需要深刻地具体化，甚至应该包含所有能让我们与自身紧密接触的课程和修习方法。

可能在"古鲁中心主义"中这是不被允许的，但它是真正的灵性道路上的止疼膏和润滑剂，即使学生们越来越臣服于其存在的核心使命，但还是被充分鼓励保持其活跃的判断力。在这样的方法中，灵性发挥出觉知和爱的功能，并不需要否定或脱离个人和人际关系层面。

在灵性道路上，如果我们选择亲密而非仅仅是超越——包括与所有"我所是"的面向亲密，我们就越来越能有在"家"的感觉，越来越了解什么是"真正重要"的事物。恰恰这就是需要心理治疗和灵性练习携手工作的地方。毕竟，逃避局限性并不会带来真正的自由。逃避局限性是灵性逃避中最偏爱的幻想！真正的自由是穿越局限性所获得的。如果想通过面对局限性，从而达到觉醒的目的，换一个同盟军并不是一个好方法，更好的方法是将心理治疗和灵性练习整合在一起。

第 十 一 章

明 智 地 运 用 愤 怒

在灵性逃避的宇宙论中，愤怒被认为是一种极其负面的、远离爱和文明生活的情绪。对那些有很高修为的人来说，除非是出于对学员的善意而表达愤怒，其他时候他们是从不表达愤怒的。对于那些认为愤怒是一种阻碍和不洁之物——比如大多数佛教教义就是这么认为的——的人来说，公然发怒或处于愤怒中，都会被认为是不正确的行为。根据这一观点，愤怒不过是被侵犯或有敌意的反应，需要被转变为"更好的"状态，比如慈悲。但实际上，愤怒和慈悲是可以共存的。"愤怒的慈悲"并不是一种矛盾的修辞用法。

许多冥想者都致力和他们"不健康"的状态共处，包括愤怒。但他们没有意识到，其实他们并没有和这种状态待在一起（sit with），而只是压抑了（sit on）它。被压抑的感受并不会因为我们现在正在修行就消失不见！实际上，它们会变得更糟。被压抑的愤怒仍旧是愤怒，无论是以任何"非愤怒"的方式存在，包括温和地评判那些明显地表达愤怒的人，总会找到办法浮出表面。当然，我们不压抑自己的愤怒也会评判他人的愤怒。这些评判可能是用非常温和友好或理性的声音说出来的，但实际上，这并不会让其中评判和羞辱减少。

评判愤怒是很容易的。毕竟当我们被愤怒所"控制"时，不是更容易变得暴力、憎恨和无爱吗？即使我们以某种方法成功地消解了这种"控制"，也似乎只是暂时约束住了这头野兽，而它仍旧在栅栏里张牙舞爪，迫不及待地要搞破坏，而我们就像警惕的动物管理员一样，或者，更罕见的是，我们可能会美化愤怒，合理化我们"本能"的冲动，以情绪释放和忠于自我为由，不加抑制地表达自己的情绪。

在这两种情形中，愤怒都被当成了一种内生性的实体或块状物，既可以被钳制也可以被释放。灵性圈子可能会争论是释放愤怒危险，还是抑制愤怒危险，但其实应有更好的方法和策略来对待愤怒。当我们越来越了解自身愤怒的结构和来源，并学会用洁净的方式表达愤怒时——也就是说，愤怒中没有谴责、羞辱或侵犯，愤怒的火力就能强有力地将目标锁定在阻碍我们和其他人的幸福的行为和议题上，以这种方式，愤怒就会服务于我们，而不会成为一种障碍。

愤怒本身并没有对错，也不是一个问题，比如：消极性和灵性堕落的征兆，或者对某种"更深"的事物的逃避，又或者是缺少爱的迹象。真正的问题是我们如何运用愤怒。让我们看一看我们是如何对待愤怒的：我们是否在谴责愤怒遮蔽和迷惑了我们的理性，让我们成为情绪激动的受害者（这是我们最常用的借口）？或者我们会对自己处置愤怒的方式负责任？我们是将愤怒当成武器，把伤痛隐藏在它义正辞严的枪口背后，利用愤怒来增强或合理化我们的防御性？还是运用愤怒去报复、压制或赢得与他人的争辩？或者我们是否会运用愤怒来深化或恢复与伴侣的亲密关系，用伪装和情绪上的枯枝燃烧出慈悲之火？

我们很容易排斥、诋毁、碾压、囚禁愤怒，或用其他方式侵犯愤怒。我们极少以增益生命（life-enhancing）的方式给予愤怒出口，它就像一只在笼子里关了太久的野兽，被释放出来时就大肆发泄，而这更让我们确信：愤怒是一只威胁我们家园的可怕野兽。我们也很容易美化愤怒，尽管这很罕见，但同样会造成有害的结果。让压抑愤怒者进入自己的"愤怒"可能会逼迫他们发怒，这并不会带来疗愈的洞见，而会过度依赖简单的宣泄过程，甚至会增强他的侵略性。

然而，培养与愤怒的亲密关系并不是一件易事。想接近愤怒的核心、火焰和其饱胀的强度，而不失去基本的理智，需要我们付出很多努力。但是如果我们不请求（最终会变成被要求）参与这场与自己的约会，我们不仅会错失了解愤怒的核心和火焰的机会，也不会有机会了解愤怒的光芒和热度。是用愤怒灼烧他人，还是使其发出光芒，取决于我们如何与愤怒相处。我们可以视愤怒为敌人、麻烦、退化行为、一种侵犯手段，也可以视愤怒为一种资源，或者深化亲密关系的手段——选择权在我们手上。在这里我们不是要去除愤怒，而是要去除不恰当运用愤怒的方法，这需要我们从更好地了解愤怒开始。

愤怒是一种被唤醒和激发的状态，混合了两种感觉：一种是强烈的委屈感（因此大部分的愤怒中都含有道德品质），另一种是反作用的力量感，而这两种感觉在生理、心理和文化层面是相通的。另外，了解愤怒的外显行为并不总像我们通常认为的那样，是至关重要的。我们能透过观察外在的特定行为来识别愤怒吗？（愤怒不仅是一种单一的情绪，而且是一个情绪集合，范围涉及从生气到狂怒。）不一定。我们可以完全没有表现出愤怒的外显行为，但仍然发怒。在愤怒中，我们没有拍桌子，也没有诅咒那个挡住我们前行道路上的傻瓜。相反，我们可能试着努力去取悦他人，或者微笑着隐瞒了一条能够帮助他人的信息。因而，我们或别人，能够经由观察行为识别出愤怒吗？再说一次，并不一定！

同样的，我们能经由观察特定感受的出现，来识别愤怒吗？比如羡慕和怨恨这两种情绪，可能感觉非常相似，因为它们有着相同的生理学特征，但它们仍然是不同的情绪。我们依靠情绪脉络区分情绪，尽管这么做是不知不觉的。

因为身体的感觉会明显受到情绪的影响，我们可能将之与情绪混淆。然而，情绪包含的内容比感受更多。愤怒不仅是一种感受，更是一种态度。我们评价情绪，但并不评价感受——我们可能称愤怒是"正当的"或"不正当"的，但我们会说恶心的感受是"正当的"或"不正当的"吗？

同样的，我们能停止愤怒，但仍有与愤怒相同的感觉。比如，我认为你刮坏了我的新车而冲你大发脾气，而后我从一位可靠的朋友那里知道，你实际上完全是无辜的，突然，我不再生你的气了。我对情境的评估突如其来地发生了彻底的改变，但我刚才体验到的感受——心脏砰砰跳、脸涨红了、肩膀收紧、手做好准备要打人——仍然清晰地存在着，只是稍微减少了一些。现在我可以称其为愤怒的感受吗？不，因为它们的评估框架——或情绪的基础——已经发生了变化。因此，不要将愤怒的感受和愤怒本身混淆，这是非常重要的。甚至在极端愤怒的情形中，它也是一种以感受为基础的认知行为，根据我们对特定情境的解释，它会迅速地升起或落下。

认识到愤怒并不一定具有侵犯性也是很重要的。侵犯涉及攻击，而愤怒则未必涉及攻击。与其说侵犯是愤怒的结果，不如说是对愤怒和潜藏于创伤和脆弱下面的感受逃避的结果。侵犯是缺乏慈悲和脆弱的，但愤怒传递的炽热却可能由于慈悲和脆弱而产生。不过，不管在我们的世俗文化还是灵性文化中，愤怒依然是侵犯的同义词。将愤怒视为侵犯，或者将之当成侵犯产生的原因，让我们有理由将愤怒归为"低级的"或"原始"的情绪，一种远离灵性的事物。但是愤怒远非原始的，而我们处理愤怒的方式却一点都不文明！那种直接带来伤害的愤怒，无论多么微妙，并不是真正的愤怒，而是敌意。那种掩盖了其伤痛和脆弱的愤怒并不是真正的愤怒，而是酝酿中的冷酷或者憎恨，它寻求的不是力量，而是控制。

暴力是侵犯变得野蛮的表现，它忽视、践踏或者摧毁个人的界限。然而愤怒在许多情况下却会保护或守卫我们的界限，甚至会坚决地摧毁和照亮（可能甚至烧毁）阻碍亲密关系和整合的障碍物，而不会伤害那些构筑障碍的人。暴力并不是愤怒的结果，而是滥用或亵渎愤怒的结果。

然而，即使这样也潜在着疗愈：我们可以逆转方程式，可以将侵犯、敌意、憎恨、憎恶以及每一种错误对待愤怒的病态产物转变回愤怒。这种转变并不意味着剔除或者麻醉那种负面能量，而是将我们从对愤怒限制性的评判中释放出来，这样愤怒的激情就能自由地流动，并和关爱、醒觉的专注力共存。在这个意义上，我们需要的不是更少的愤怒，而是更多的愤怒，尤其需要的是从本能和内心而来的愤怒。

处理愤怒有四种方法，下面我会通过一个框架来介绍和愤怒有关的大量复杂的内容。这个框架覆盖个人和超个人方面。

压抑愤怒（Anger-in）是指：偏好压抑原始愤怒的能量

特征，以及使其改变方向。很明显，提倡这种方法的人强调不直接表达愤怒的重要性。自我控制，克制愤怒，建立新的愤怒情境，是压抑愤怒的基础。压抑愤怒的"专家"倾向于将愤怒的表达等同于"排放"，是缺乏自我控制的表现，会导致暴力和侵犯。这种方法强力主张学习从愤怒中撤退，以便能重新考虑愤怒的极端和非理性冲动，或从新考虑愤怒的情境。但这种方法面临一种困难：如果处理愤怒的方法不包含真实地表达实际的愤怒感受，它如何能成功呢？一种对悲痛的治疗如果不包括实际地表达悲痛，我们认为如何呢？

释放愤怒（Anger-Out）是指：强调直接并充分地表达愤怒的能量和强度的重要性。这一理论的核心思想是"宣泄"的概念。尽管有数据表明，将宣泄愤怒纳入愤怒的管理中效果更好，但这个概念在实践中是有争议的。释放愤怒的拥护者表示，压抑愤怒是不健康的，最好是将之带到表面上或者"挖出来"，然后释放或表达它。释放愤怒很吸引人，有明显的治疗效果，同样也是符合现实逻辑的，它也可能过分强调物理层面的方法，仿佛愤怒仅仅是某种需要从我们的体内排放和清除的东西。以释放愤怒为特征的情绪释放工

作，范围涉及从肆无忌惮地发怒到盲目地发怒（或不负责任
地"表演出"愤怒），再到深层面的疗愈、促进整合的释放
和启迪。

警觉地保持愤怒是指：愤怒被有意识地克制，而不是情
绪性地表达；在冥想中，处理愤怒的关键是既不压抑愤怒，
也不表现愤怒。这种既不压抑也不表现愤怒的方法为"压抑
愤怒"和"释放愤怒"的二分法提供了解决方案。通过醒觉
与愤怒共处，我们近距离地观照了实际的过程（在其感受、
认知、知觉和社会维度），至少在某种程度上，我们也目睹
了那个正忙于愤怒的"我"。也就是说，我们的觉知从我们
感到多么愤怒转向是谁在感到愤怒。在最好的状态中，警觉
的愤怒并不是克制愤怒，而是有意识地亲密、拥抱、探究愤
怒，与愤怒待在一起，但不向外表达的意愿。然而，正如
"把持"这个词的消极含义所暗示的，这种练习本身是有危
险的，特别是用这种方法来逃避或压抑愤怒时。如果陷入灵
性逃避，就会倾向于将之与压抑愤怒混淆。

慈悲的愤怒（Heart-Anger）是指：敞开心扉表达愤怒，
并有意识地与慈悲共存。这是将压抑愤怒、释放愤怒和警觉

地把持愤怒的价值——健康的理性和压抑，情绪的敞开和真诚，警觉的开放和慈悲——聚集在一起，不但将每一种方法的困难最小化，并且慈悲的愤怒由此而生。这种方法充分建立在热血澎拜的活力和对他人无私的关爱上。虽然有时它可能是狂暴的，但它是慈悲的使者。在这里，愤怒不一定被压抑，也不必一直被给予释放的自由；而是被谨慎地掺入了醒觉、研究性的专注力，其激情却未有任何的稀释和抑制。这样的愤怒充分地感知到了人类的痛苦，包含着一种彻底的无分别的道德性，它对生命有足够的信任，能够坚持自己狂暴的关爱，也有勇气将其表达出来。

愤怒是道德的火焰。无论它是破坏性的还是建设性的，它都在我们身边，在我们心里。在洁净愤怒的猛烈关爱中，激情和慈悲是共存的，疗愈和光芒也是共存的。我们需要尊重我们的愤怒，不要再视它为问题或灵性的阻碍，或某种在我们之下的事物，只有这样，它才可能真正地服务于我们的福祉。

如果将慈悲从愤怒中排除，我们该如何将慈悲带入愤怒中呢？既不压抑愤怒也不肆意释放愤怒并不是一件容易的事情，困难在于要充满觉知和关爱地对待愤怒。第一步，我们需要不带厌恶地接近愤怒，这意味着要与任何对愤怒可能带有的评判亲近。我们接近自己的愤怒时带有多少关爱，就会在对他人表达愤怒时带有多少关爱。不去探索愤怒，就不会与之亲密，而这是一个危险的选择，会让我们中断与正向的潜在能量的连结，而这一能量很容易扭曲成为侵犯、憎恨和小气。不了解愤怒会让我们困于黑暗之中，随时会变得有侵犯性或暴力性，而不只是单纯的发怒。

在最好的状态下，愤怒——慈悲被包含在内，打开了腹部和喉咙，散发着激情——可以支持爱和完整性，因为它在很深的层面连结着需求、脆弱和生命的原始感受。这种愤怒会变为亲密关系中的火焰，照亮我们前行的道路，从而帮助我们进入一种更深刻的亲密关系之中。愤怒之核中的炽热要求的不是压抑、不是灵性修复，更不是纯粹的释放，而是警觉的接纳，这种接纳并不会稀释激情，降减心的参与，更不会压抑任何对火焰本质中的声音。

将愤怒带入心中不仅是一种爱自己的行为，也是爱所有存在的举动，因为这样的修行会让我们更少地将自己的愤怒变形为侵犯、敌意和憎恨，而是直接指向以慈悲为中心的活动。当我们不再抛开愤怒，不再破坏性地控制愤怒时，我们就更接近于爱——那份渴望从他人那里获得的爱。

当这些念头在我们的头脑中打转时——明显是不请自来的，我们的习性会多么迅速、多么容易激起愤怒啊！比如：我应该认真对待我的愤怒吗？我应该等到它平息吗？我应该立即表达我的愤怒还是应该委婉一些？为什么这件事会发生在我身上？毫无疑问这是你的错，为什么我不应该对你生气？我认为灵性修习并不像我所认为的那样，但如果你对我好一点，我会对你发怒吗？观察感觉和意图，吸气、呼气、吸气、呼气、吸气——该死的，这一点用都没有！我对自己承诺过，我不会再让自己失控，现在我已经失控了，如果你没有做这件事，这些都不会发生，对吗？诸如此类。在这些限制条件下面，我们的念头就是煤油，在为愤怒的火焰添薪加火。

哪里有评判——无论是针对自己的还是他人的，哪里就会升起愤怒。这并不意味着在某种程度上我们应该去除评判（只要我们拥有头脑，这就是不可能的），而是说应该将评判保持在健康的视角中，从其噪音和混乱中挖掘出可能包含的洞见或直觉的真金。

这种情形并不罕见：因为自己发怒而愤怒（此时我可以释放自己该死的愤怒吗？），拒绝愤怒（我应该发怒！），否认愤怒（你认为发怒了，但我没有！），或者只是与愤怒失去了连结（我丝毫怒意都没有！）。然而，我们需要做的不是与愤怒对抗，也不是逃离愤怒，而是建立和愤怒的深层亲密。如果我们只是远距离地检视愤怒（抑制愤怒），在愤怒升起时清空它的能量（释放愤怒），或者情况更坏，假装根本没有愤怒，我们又如何能做到这一点呢？与愤怒的亲密提高了我们的自我认知、完整性、关系深度和灵性成熟度，帮助我们富有活力地、负责任地活出激情，同时学习敞开心扉表达愤怒的艺术。

我们对自己的愤怒了解得越多，我们就越能熟练地表达它，我们就越可能巧妙地处理他人的愤怒。可如果我们仍然疏于了解自己的愤怒，那么不仅自己的表达是草率的，也不能很好地处理他人的愤怒。即使是从亲近之人那里接收到愤怒，我们也可能倾向于关闭情感——哪怕他们正在传递洁净的愤怒时也是这样。我们可能打断、轻视他们感受的强度，或者使之发生转向，告诉对方"你失控了"，或者说行为举止很不负责任，我们喋喋不休地说这类话："能不能换种方式做这件事？"

这个要求不管在当时看来有多么合理，通常是一个明显的信号：我们与自身的愤怒很疏远，正在寻求逃避之法，逃避自己的和他人的愤怒。我们会有意无意地担心，如果不能成功平息或抑制他们针对我们的愤怒，就可能点燃我们自身的熊熊怒火。我们花越多的精力去逃避愤怒（如果我们陷入灵性逃避中这就更可能发生），就越会阻碍或暗中妨碍怒火从别人身上升起。

我们甚至可能会要求正在发怒的爱人证明他们是真的爱我们的，通常会要求他们停止发怒，或者至少不要有发怒的样子。只要愤怒暗示了爱的结束或缺乏，我们就会花很大力气去压制它，既压制我们自己的，也压制他人的，我们因此而困在这样一种意识中：愤怒和爱不能同时存在。

试图证明那位正在发怒的对我们很重要的人并没有拒斥我们，很容易隐藏这样一个事实：我们可能正在拒绝他们和他们的愤怒。当他们冲我们发脾气时，要求他们证明自己是爱我们的（我们认为爱应该被看到），这种做法很容易模糊这一事实：在对方生气时，其实我们也不肯爱对方，在不知不觉中可能以此来惩罚他们的发怒行为。

我们"冷静的"或"理性的"克制很可能并不是真正的关爱行为，而是一种恐惧、厌恶或消极的侵犯。压抑愤怒很容易被当成一件好事，然而这样一种压抑只是另一种形式的愤怒。此处遭遇的困难在于，我们仍旧混淆了愤怒和侵犯，而忘不了侵犯的愤怒可以保护我们的界限不受侵犯。

要想用愤怒来增强亲密度，它需要配之以非防御性的、共情性的倾听。在这种倾听中，是否同意讲述的内容，对于共情和关爱他人来说是第二位的，也并不必然意味着倾听者应该压制他或她的愤怒！对于愤怒的接收者来说，这是本质性的。拒绝重要的人的愤怒——不是侵犯，而是愤怒——只会让愤怒短路。总体来说，这会导致积累大量的愤怒能量以及挫败，制造出压力来寻找其他的出口，比如用性爱来让自己分心、过度工作，或者做出微妙而残忍的消极侵犯行为。

尽管我们可能不会这样认为，但随着我们的进化和觉醒，愤怒并不会消失。实际上，愤怒可能会变得更加猛烈，但可以越来越干净地燃烧，清除掉神殿内不属于此地的事物，服务于所有相关之人的福祉。所以，不要不计代价地逃避愤怒。去追求更能"赋予生命"的事物：一种洁净的、有意识的、生机勃勃的愤怒，这种愤怒既是燃烧的，也是悲悯的，这种愤怒是发自内心的。

第 十 二 章

界 限 使 自 由

成 为 可 能

界限是生活中不可缺少的部分。它标明并维持着必要的间隔并使各个层面的分化成为可能。界限既包含着也保护着它所捍卫的完整性，无论是身体上的，还是心理、情绪、社会或者心灵上的。没有界限，就不会产生关系，因此也就没有发展，没有进化。尽管这是显而易见的真理，但我们常常落入这样的信念陷阱中：认为界限妨碍了我们，阻止了我们获得自由，阻止了我们实现"无分别意识"——我们所渴望达到的一种无烦恼的理想状态。如果我们将保持界限和受限等同起来，或把不受限制当成是我们的梦想，那么我们就倾向于将界限视作一个阻碍自由的问题，是某种必须克服的事物。

然而，真正的自由并非无拘无束，而是从限制之内寻求解脱，同时也是穿越限制。比如，忠诚的一夫一妻关系的限制实际上丰富和深化了这段关系。真正的自由并不介意界限，而是不受其限制。

有界限才使自由成为可能，因为只有这样才能清楚用什么态度做事——不仅是个人性和超个人性的，而且也是人际间的。既然万事万物（万事万物！）都是经由关系存在的，那么学习在关系——既包括与他人的关系，也包括与我们自己的需求、状态和身份的关系——中运转就至关重要。如果我们的界限不清晰，没有被妥善地维护，那么自由就是不可能的。

无论我们的界限是崩塌的、模糊的、被荒废的、任人践踏的、被漠视的、被滋养的、被过分看护的、渗漏的或者被尊重的，它们都确定了我们的边界和限制在哪里。界限可能十分明确，也可能不够明确，但真正重要的是我们如何对待这个界限。我们是用它来加强自我还是照亮自我？我们是用它来与爱隔绝还是深化爱的能力？我们是加固它还是让它保持弹性？我们是允许界限很容易被渗透还是依照环境来改变它的坚固程度？我们用它来鼓励自己还是创造更深的连结？我们将它当作守护者还是防御者？

这些相关的问题很值得思索。要想考虑这些问题，我们需要界限，也需要清晰地看到我们正在对它做什么。

没有健康的界限，就不会有健康的关系。

没有健康的界限，我们的成长就会受阻。

什么是健康的界限？健康的界限即是容纳者，也是守护者，作用是保护着它们所捍卫的事物的完整性。界限并不会守住空间不放，反而是经由合适的区分来创造空间。界限将我们的某些特殊面向用"薄膜"保护起来，直到它们得到足够的发展。"薄膜"的过早断裂（比如当我们还是孩子时被强迫承担起成人的责任），会干扰我们的发展，让我们的界限变得容易渗透或者功能失调。

　　健康的界限是一种生理和心理的存在，是一种能量薄膜。它足够坚固以便保护我们不被侵入、侵害、侵犯，或保护我们不被其他形式的丧失人性或否定生命的力量伤害；它也有弹性，会对有益于我们的事物变得柔软和开放。比如，在面对他人的愤怒时我们能守住自己的界限，如果对方的愤怒是敌意的、恶意的或挖苦性的，我们会不带有歉意地保持界限坚固。但如果对方的愤怒是洁净的，没有指责、羞辱或侵犯性，我们就会允许界限更有渗透性，允许他们的愤怒和愤怒传递的信息进入，因为我们是安全的。

　　健康的界限有助于我们达到至高的善。它就像我们沿着海边的堤岸或者操场的斜坡迈开人生的第一步时，充满爱的父母牵我们的手那样，既不太紧也不太松。这样的触碰是如此坚实和稳固，令人欣慰，给了我们向前走的勇气。当我们长大成人后，我们会发现有一些界限可以扩张或者更具渗透性。比如，如果我们有亲密伴侣，那我们就会使界限扩张并将对方含纳其中，而并不会为了和他或她更亲近而摧毁或忽视我们的界限。这样的扩张并不会削弱我们的界限，仅仅是犹如爱的扩张，并不会弱化我们的界限。

　　健康的界限有助于我们进化。每一个发展阶段都被放置在一个适当的合作性界限复合体中，支持我们学习任何所需的事物并以尽可能最佳的方式前行。（当然，这个过程常常遭到阻碍，阻碍因素包括糟糕的被抚养经验和创伤事件。）如果我们的界限过于坚固，就会被困在里面，而只有一部分的自我得到发展。（当我们只发展认知层面而不发展情绪或道德层面，就会出现这种情况。）而如果我们的界限不够坚固，就不能在一个特定的阶段待得足够久和足够深入，以至于我们对发展只是一知半解，不能学到我们所需要的，只是成为成长阶段中的游客，而没有真正地活过。没有健康的界限，我们就不会成长；就算长大了，也并没有真正地进化。健康的界限将我们分开，但并不会让我们分离；让我们同在，却不会令我们同化。

如果我们的界限过于坚固——为防御投入太多精力，就会画地自限，把安全错以为是自由。另一方面，如果我们的界限薄弱——门开得太大，就会漂浮于充实饱满的生活之外，将融合错认为亲密，混淆了无拘无束和自由、过分宽容和慈悲的区别。界限使包容成为可能，但这种包容是在保护我们还是过分保护我们？是在欺骗还是在帮助我们？是限制我们还是强化我们？是给予我们庇护还是囚禁我们？

那些界限薄弱的人误将界限的崩塌当成是界限的扩张，特别是在灵性逃避中，界限的崩塌（或者完全的解离）被看作放弃或超越界限。在理想化的爱情观点中，也有同样的错误，不分彼此的渴望被看成爱的极致状态，而不是一种暂时的幻梦状态，这种状态一定会不可避免地消失。我们可能会"合理化"或"美化"这种界限融解的状态，把它当作一种解放，是对桎梏的去除，有助于超越和灵性实现。

一旦我们将这种极致的扩张设想为一件美妙之事，就会把界限的崩塌错认为是开放。我们没有认识到这种灵性逃避行为并不会扩展界限，反而会忽视和不尊重界限。比如，我们亲近的人非常无礼地对我们说话，这种说话方式无疑越过了界限，但我们不是采取必要的立场维护自己，而选择对他们的行为不闻不问，还认为我们很慈悲，其实我们是没有尊重自己的界限。

界限的崩塌并不意味着我们有更高等或更高尚的状态——无论在灵性上如何美化这种做法——而只是表达了逃避和厌恶，是不愿意面对、进入和穿越自身的痛苦。披着灵性外衣的解离仍然是一种解离！我们可能会美化这种行为，认为它超越了个人性，实际上我们却跌入了人格解离之中。人格解离是一种众所周知的精神疾病，其特征是与自我失去连结。人格解离和高阶的修行中的自我超越或"无我"领悟并不同，它是另一种形式的解离（或者不健康的分离）。

解离的反面是什么呢？是亲密。而亲密需要健康的界限。健康的界限可以提供保护，但不过分；是守护而不是监禁。如果我们允许自己被过度保护，就不会蓬勃发展，而只会停滞不前。如果我们允许自己界限薄弱，同样也不会蓬勃发展，而只是毫无辨别力地敞开，必然会处于过度吸收的状态。灵性逃避者很可能会这样变化：难道我们不该富于接受性吗？是的，但过度吸收和接受性并不是同一回事！看看下面的例子。一个男人对人过分友善，他总是微笑，甚至当他被欺负时也是如此。他可能表现得很富接受性、很敞开，但实际上他接受的已超出他的健康限度，可能因为这样一种方法——从来不清晰地说"不"——帮助他在早年的困境中活下来。

拥有健康的界限并不意味着不虚心接受。相反，这是一种有辨识力的接受，在这种开放中，你很容易说出真实的"不"，如同说出"是"。对那些界限薄弱的人来说，当不加区别的敞开、太容易说出口的"是"（很可能看起来很平静）看起来就像一种灵性成就，就更加难以处理。当我们不能清晰而明确地说"不"时——偶尔我们会关闭自己，我们保护自己的唯一办法就是解离，逃避困难事项，而不是面对和穿越它。

如果说界限过强看起来在许诺经由安全抵达自由，界限薄弱就是许诺经由无限制抵达自由。但两者都会阻止我们全然地活着。当我们过度保护自己时，这一事实是显而易见的。但当我们自我保护不足时，却未必这么清楚，尤其是当我们在灵性层面"美化"我们的行为，毫不置疑这种不加区别的开放性时。我们真正的本性是无限的，但它在这个世界和在个体形式中的显化必然是有界限的。界限看起来分化了原本不可分割的整体，但经由这种分化，更深入更完整的整体性得以建立。细胞经由同样的方式分割和分化，使得组织和器官以及我们这一实体成为可能。没有第一次清晰、生动而明确的区分和轮廓描绘，我们便不能真正成熟，实现真正的整合。好的界限能够在我们的生活中提供并支持这种本质性的分化。

愤怒是维护界限的原始情绪状态。但那些将愤怒视作负面状态的人对这一观点是持怀疑态度的。在佛教教义中，这种观点非常普遍，但临济宗和密宗是例外。佛教教义中大体上将愤怒视作痛苦和不健康的状态，将其混淆为侵犯。传统的佛教教义普遍将愤怒视为负面状态，认为愤怒本身没有价值，需要将之转化为慈悲。传到西方的大部分佛学都遵循了这一点，但杰克·康菲尔德（Jack Kornfield）和很多信佛的心理治疗师是非常明显的例外。这些教义未将愤怒等同于侵犯，而是将"愤怒"混淆为"出于愤怒的行为"，提倡不表达愤怒。这些做法都没有看到慈悲和表达愤怒是可以共存的。

那些受困于灵性逃避的人很少看到愤怒的价值，他们忙于逃避愤怒，没有认识到愤怒作为有力的界限守护者的价值和功能。我们努力不表现出愤怒，甚至当我们内在怒火汹涌时，也会逃离那股强有力和猛烈的力量——它会赋予我们正确维护界限的力量。不能自由地进入愤怒，我们的"不"就缺乏强度（尽管可能是安静的）和力量，无法发挥其所需的影响力，而且我们的"是"也是苍白的，和真正的活力隔绝。那些不能或不愿说出真正的"不"，不能坚持自己立场的人，经常会发现他们自己处于需要清晰地说"不"的情境中，就像那些在2009年赛多纳蒸汗屋（sweat-lodge）惨案中的人们那样。不发出声音，不运用能量来主张界限，我们就会任凭自己被有害的力量掌控。

界限允许差异性发挥其本质作用，它的主要功能是保护我们的自主性，并使健康的亲密关系成为可能——一个清晰的事实是，在健康的亲密关系中双方有很深入的交流，但自我感并没有被稀释。在这样的亲密关系中，我们不会为了进行有意义的交流而抛弃界限。我们扩张界限来容纳他人，而没有削减自己，这样的容纳不仅拥有分享爱和喜悦的空间，也有分享痛苦的空间。亲密关系中的双方都为对方的痛苦保留着慈悲的空间。当我们陷入灵性逃避时，我们对痛苦和不舒服的厌恶就会倾向于使关系保持肤浅，这很容易令我们信奉错误的"内在合一"信念，而相信我们的差异性将我们分隔开。

　　想象一个没有痛苦、没有评判、没有卑劣道德、没有困境的地方，在那里任何事情的发生都只是因为业力，只是按照它原本的演化轨迹展开，最后趋于完美。想象一下自己不仅拜访过那里或梦到那里，而是真实的居住在那里。这就是灵性逃避所具有的麻痹作用。这样的梦不是要去实现，而是要努力从中醒来。当然，我们渴望自由，渴望真正的超越，但我们需要先从某个场所逃走，健康的界限就提供了这样一个场所。但灵性逃避在我们建好这样的场所之前就拔除了我们的根，其方式主要是贬低个人和人际关系，而偏好"层次更高的"实相，同时伴随着对界限的忽视。在这条路上，亲密关系被抛弃在路旁，仿佛它不过是某种退化了的修行方式，只有那些误入歧途的人才苦苦追寻，而并没有精进修行的野心。界限能用很多方式使亲密关系成为可能。是的，关系中的亲密度真的只是灵体与灵体之间化为人形相遇，但同时，关系也是个体化的存在之间的相遇，融合并分享着差异性，借由这种融合和分享，会产生出一种结合的优势和进化的丰饶。在关系中实现亲密可能是一条强有力的觉醒之路，既荣耀了个体也荣耀了群体。然而那些远离亲密的灵性逃避者，却切断了这条路，对亲密需求几乎"刀枪不入"。在这里，我们不是要摆脱或抛弃界限，而是将更多的完整性和力量带进来，充分地照亮它，而且确保它采取的形式不仅服务于我们最高的善，也服务于所有人最高的善。在这里，我们不是要践踏或低估界限，而是要尽可能明智地使用它，同时重视个人、人际关系和超个人层面，全然地投入到自身的经验中，从中找到自由。在这条路上，我们的界限是保护人，有着支持我们的成长和觉醒的威权。

第 十 三 章

别 放 在 心 上

独立的我（self）——那个看似有自主权的"我"或日常生活中显现出的人格——在一些修行圈中并不是很受宠，或许是因为很多人都把它与"我执"（ego）过多联系起来的缘故。这个"我"可以表现为极端的自恋或极度以自我为中心（a tempest in a me-knot，我 - 结的风暴），而在另一个极端则会表现为健康成熟的个性。但无论这个"我"看起来有多么成熟，它仍可能被一些过于迷恋"合一"概念的人看成实现灵性道路上的障碍，他们推崇灵性，却贬低个体性的价值。

过度强调或执着于"超越"的修行道路，倾向于将我执（ego）归于病态：如果人们想要觉醒，那么我执就是一个必须被克服或被根除的东西——"我"也不过被当作一具振动明显偏低的肉身，顶多给"我"的活动添加一点性格色彩和天赋。去个性化的修行方法很少承认个性化和人格的价值，他们很容易将个性化与自我混为一谈，鼓励我们不要太个性化地对待事物，认为这样做会强化以自我为中心的反应。

去个性化的灵性是没有活力的，它将空虚与透彻混为一谈，将不接地气当成有高度，将界限薄弱混淆为敞开，将情感冷谈当成平静沉着。当我们陷入去个性化的灵性中，通常并不会紧张不安地分辨我执与个性化的区别，而是忙于构筑和兜售"合一表达"和"超越之道"、宣讲"无分离"的福音，甚至鼓吹与自我决裂或者根除自我。如果我们陷入灵性逃避，可能会为"众生一体"的概念激动万分。然而，要与那些低下的品质，比如愤怒和贪婪合一，我们可能会果断地与之划清界限，不管嘴巴上的"合一"说得有多好听。

尽可能贬低个性化，脱离个性化，尤其是避开它富有激情和深入参与生活的一面，就是灵性逃避的核心，它不是让我们从"自我建构（selfing）"中解脱（产生自我感的过程），而是拒绝完整地发展和表现自我，也就是拒绝个性化。是的，我们可以观察到自己的自我感或者人格（personality通常译作人格），这说明我们真正的身份超越自我与人格，如果我们想从个体性中脱离，或者排斥这种个体性，这种观察就没有什么用处。

不管如何对待人格，它都会存在。有些部分会演变，有些则会成功地抗拒了针对人格的治疗，无论是灵性的还是其他类型的，从而无法进化。一旦下决心切断灵性野心，就会意识到，转化人格并不是必需的，但学习理解人格而不仅仅是认同它，同时与它建立联系，却是必需的。

但这并不是说，我们必须要与自己的人格和癖好保持距离，而是说我们需要保持足够的空间将它看清楚，这样才可以与之建立良好的关系。如此一来，我们就可以有意识地亲近自己的个体性，带着清醒的慈悲容纳它，而非与它融合。

这种彻底的主观性，允许我们以各种人格色彩来显示我们的个体性，让它可以不受约束地、独树一帜地表达出我们的"真本性"。我们越是通晓自己的个体性——深入地了解它以及它的由来——就越能富有技巧地驾驭它，以及人际关系和灵性的面向，并对每一个面向都给予应有的肯定，让这三个面向——个人的、人际的和超个人的——尽可能地和谐共处，不让其中任何一个掌管或篡夺"自我"的权利。

很多灵性权威都建议我们"不要太把事情个人化"，很多人未经思考就采纳了这个劝告。这个劝告颇具吸引力，既简洁又似乎合乎常识，并且暗含着某种超然性，甚至能让我们获得一种免疫力，让我们保持冷静，不会卷入反应模式中。这种说法提醒我们，无论别人发生什么事情，都不是真的与我们有关，而是关乎他们自身，这的确有助于我们稳固自心。但很不幸，这也有副作用：它让我们偏离了一个事实，如果外界有什么事是冲着我们来的，这的确在某种程度上与我们有关——所以我们有必要承担，当然，要尽可能清醒地处理它。

灵性逃避的特征往往都在于"别把事情太个人化"（not taking things personally）。毕竟，这通常要比"不带个人色彩"地处理事情容易得多，要是我们真能如此超然而不掺杂任何感情因素，那就好了！很多所谓的超然并不健康，这恰恰反映出人们对于超然的执着，对发生的事情过于疏离，没有真正感受它。

"别把事情个人化"，其实是一个富有启示性并且极为实用的练习，可以让我们对不同情境做出理智的回应，但也伴随着沉重的阴影，掺杂了各种分裂、人格解体与疏离感。如果我们尚未对某一特定的品质和特性做深入的工作，就将"我的"标签撕下，变为"人人都有"或许是一个过早的跨步。举例来说，我们的内心可能存在相当大的恐惧，当我们不愿意直接地探究和真正地亲近它时，就会采用一种疏离性的语言（一般来说这种语言更倾向于灵性），将它称为"这个"恐惧，而不是"我的"恐惧；这种做法并没有展现或者真正用超越性态度看待现实，而仅仅是否认了自己的恐惧。一旦我们真正与恐惧建立了亲密的连结，或者说，从内心深处了解了它，我们就会真正理解它既是"我的"恐惧，也是"这个"恐惧。这里不存在任何分离——只有一种看见和处理恐惧的能力，最初这像是一种心理现象，逐渐提升等级，同时我们的界限也在扩展，直到将集体恐惧都包含其中。

如果我们挚爱的人突然离世，善意的朋友或家人劝我们别把这个问题太个人化，这对我们又有什么帮助呢？我们最好不要听他们的建议，尽可能把爱人的离世放在心上——非常个人性的——让这个赤裸裸的现实直抵我们的内心，去感受自己是怎样进入并且穿越自己受到的震撼和对这一事实的否认，如果需要，就尽可能疯狂和强烈地宣泄我们的伤痛，无论这种个人情境是多么深切与痛苦，都无须抱歉。我们是在把这个问题个人化，但是只有如此充分、完全、有意识地做到这一点，我们才能完全敞开面对生命最根本的奥秘，而不会试图过早地在那里确立自身。也就是说，我们要把问题个人化，同时也将它人际化，并且超个人化。

在很多情况下，"别把事情个人化"都可算是一句忠告，但并非适用于所有情境。拥有一双慧眼是必需的。对于某些情境来说，我们需要将事情个人化，让它们深深触动和冲击我们的心灵。但这和落入反应模式并不一样。如果某个特殊情况需要我们将事情个人化，这并不意味着过度个人化和戏剧化，甚至在其中迷失了自己，而是说，允许它碰撞自己，但不要让它控制我们。也许最好的做法是像一个好父母照顾他们受伤的孩子那样。没错，他们能够从个人层面深深体会到孩子的感受，但同时，他们也与发生的事件培育出足够的距离，这样才可以好好地照顾孩子。

"不要将事情个人化"这句话要灵活使用，除此之外，还要能直觉地辨别那些发生在我们周围的事，有时候我们可以允许它们进入内心，有时候则要拒绝，不要让"灵性正确"（a sense of spiritual correctness）来决定我们的反应。这样我们就能体会到，没有不必要的分离，没有对超脱的执着，没有对痛苦的免疫——只有全然地开放，边界与无界并存，这并不会让我们远离人性，反而会让我们回归自心。

第 十 四 章

将性从"让我们感觉更好"的

束缚中释放出来

　　近四十年来，我们生活在一种"泛性化"的社会中，"性感"这个词被用于描述生活的每个方面，荒谬至极。比起五六十年前，现在的性观念更为开放，并且时常是不加辨别地开放，但大部分所涉及的是广度而不是深度，因而阻断了真正脆弱的亲密关系。在我们可以更多生动地谈论它时，却很少在深层次谈及它——比如探讨性活动时，我们却表现出与性活动无关的态度。这么做，会将我们置于真正的脆弱和透明中，不能轻易保持心理健全的感觉。看到在进行性活动时自己真正在做什么，并不是我们最重要的事。

　　对性的误解，特别是将"性让我们感觉更好或更安全"的期待加诸其上，遍及我们文化生活中，而且是根深蒂固的。这种现象在很大程度上未被注意到，除非已经明显发展到可怕的、功能失调的极端。我们厌恶在存在中，在我们与生俱来的完整性中探索和照亮性欲，对这种厌恶，我们失于审视。

　　人们是如此容易将性的经验固化，如此容易将性与其余的经验隔离开。我们不是将焦点集中在性的机制上，而是在所有我们所做的事中显化它。性不仅是一种具有特殊功能的事，一种做完就令我们感觉更好或更安全的行为，更是一种已经有的存在、已经有的爱、已经完全圆满的自由无碍的面向。

这是一个所谓"知情同意"的时代，以成年知情者（consenting adults）这种迷信（是的，神话）为中心。很多人可能没有考虑过在性活动中真正发生了什么，什么是危险的，相反，人们是基于渴望——很大程度源于童年时代——做出选择，去寻求赞美、肯定、连结、爱，或者安全感，或者从痛苦中抽离。与此同时，我们并不是作为一个成年知情者在活动，而是作为一个有着成年人外表的孩子，他的"同意"不过是未解决的创伤，或者未被满足的需要的表达，而这份需要与性无关。

这两种"同意"是完全不同的：一种源于受条件驱动（conditioning-driven）的意识，另一种源于从这个限制性中觉醒的意识。但如果我们受荷尔蒙驱使，热衷于听到"同意"，那么我们不会特别在乎这个声音源自哪里。如果我们对投身性活动的"同意"灵性化——给它赋予一个神圣的框架，那么我们就可能倾向于继续投身于此。

将性活动灵性化——大部分是以"谭崔"的名义——如今十分流行，而且被普遍认为对我们有好处，甚至能将我们从传统的性束缚中释放出来，将我们带到性和灵性美妙共存的领域，不再有日常生活中性界限的负担，或者是希望我们这么认为。那些鼓吹谭崔的人，将之当成一个更高级或更进化的性形式，一个神圣的互动，他们通常会忽略在性活动中，可能存在着相当多的干扰——这是任何不健康行为的基础。

毫不令人吃惊的是，越来越多的人宣称在练习——或者至少相信——谭崔之性。宣称将谭崔引入性活动中，能让我们获得更多的传统之性，以及在灵性层面变得性感——我们通常只是拥有性，但现在我们在练习谭崔！我们的性界限可能仍然是稀松或者无力的，但现在我们能够借由重塑它——不仅将之当成一种敞开，还是灵性的敞开——来使它合理化。

那些提倡谭崔之性的人，如果没有识别出任何非性和前性（presexual）的驱动力——它们是性的驱动力，就会过于看重自己所鼓吹的东西，不知不觉中鼓励人们逃避那些真正需要注意的东西。那些在幼年遭受过性虐待的人，不仅很容易在日常的性活动中将过去受虐的核心动力表现出来，而且出于同样的目的，他们会用谭崔来塑造性，用灵性的情爱仪式和信念来逃避未解决的虐待问题，重新上演他们的受虐经历。与此同时，产生的虚幻满足感，让他们在某种程度上愉快地将注意力从虐待中转移出来。那些在童年时代没有受过性虐待，但遭到别的虐待——肢体或口头的暴力、严重的羞辱、可怕的忽视，诸如此类——的人也能既在世俗层面也在灵性背景下利用性活动，自发地上演过去的互动模式，同时释放出一些由这种重演制造出来的紧张。当我们受到自身局限性的控制时，就很容易将未解决的创伤和未满足的需求转变为性需求，而且自始至终认为我们只是在想着性。

我们可能会认为，对某个特定的人产生欲望，只不过是我们自然而然的表达，而实际上它可能源于我们的条件反射或某种与性无关的需要。比如，当一个男人沉迷于性幻想，幻想一个充满吸引力的、唾手可得的裸体女人凝视着他时，他的性会被唤醒，但这种性唤醒可能是次要的，伴随着一种原初的冲动，这一冲动植根于他的渴望——渴望被母亲无条件地看到、被爱和被需要。另一个例子是关于女人的，她有一个在情绪上难以接近的父亲，同时她也被一个在情绪上难以接近的男人吸引。她发现自己像磁铁般被吸引，被吸引着要让他需要她（她感觉她从未令她父亲真的需要她，但她仍然保有着让这一切发生的渴望）。她对这一男人升起强烈的性化学反应，这至少在一段时间内遮蔽了这一现实：他在情绪上与她是疏远的。她已经将她的渴望——与一个在情绪上不可接近的男人在一起——表现在性活动中了，因而没有能力拒绝这样一种不健康的关系。

我们不对这一机会——性方面的或别的——说"不"，并不一定意味着我们真的想要前进一步。我看到过很多接受心理治疗的女人最初都不能真正地说"不"，这是因为她们最初需要开口说"不"的时候（通常在幼年），常常身处某种危险的暴力情境中，出于求生的理由而学会了关闭这一功能。她们会对那些对她们怀有性兴趣的男人说"不"吗？即使他是令人厌恶的，也不会直接说。一旦她们开始抗议，发出真正的声音，收回自己的力量，她们就已经准备好并支持自己说"不"了，并且不会因为捍卫自己的界限而说抱歉。

在某些时候，那些坚守性界限的人可能会因为他们不够洒脱而遭到羞辱，就好像界限只是代表了性压抑、保守、刻板或性障碍。但那些鼓吹自由地与他人交流性能量（包括在灵性背景下）的人，实际上他可能比那些界限牢固的同伴更容易陷入这样的困境：在性活动中将旧有的需要——不受束缚以及能更好地控制与他人的互动——表达出来。在很多性活动中，有一种未经辨识的开放，这种通过性活动来处理未解决问题的行为与真正的性自由混淆了。当我们将未解决的问题所携带的能量负荷（不管是正面的还是负面的）转化为性愉悦，就远离这些刺激所产生的痛苦，可是如果有意识地进入意识层面，会发现能够帮助我们觉醒和解脱的正是这个痛苦。与此同时，我们经由性来释放能量，是一种能量抢劫和转移，我们本应用这个能量来进入、探索和穿越未解决的问题。

　　探索在性生活中所受到的制约至关重要，另外同样重要的是，不要高估或美化性的觉醒力量。对谭崔式的追求或许能增进幸福感，却也能欺骗我们，尤其是当我们利用这种方式来逃避或不理会自己的痛苦时。但上面的说法并不是说性活动不能是灵性的，因为在其迷幻的、极具启示性的以及狂喜的方式中可能包含着灵性。有时候，我们第一次体验到深度的灵性敞开是经由性，且经常没有任何前兆。

性作为一种感受这种观念已被广泛接受——在现实生活中和灵性脉络中都是如此。但从根本上来说，性不是亲密的和负责任的激情，它并不需要指南或地图，也不需要是符合传统的、后现代的、谭崔的或其他别的。这种最深层的性并不需要幻想——不论是内在或外在的，不需要调情策略或者唤醒仪式，只是需要爱、敞开、透明，以及觉醒了的亲密整合。在我们与伴侣的关系未达到相应的深度之前，这并不会被体验到。没有这种共有的成熟，无论我们的性生活有多么热情、生动、富有革新性，或者是谭崔式的，都不起作用。

为了拥有成熟的性观念，我们需要面对并深入探索那些不成熟的性行为——通常我们将之当成让我们感觉更好的手段。首先要将我们的需求情欲化，这意味着用性来解释这些需要并经由性活动来寻求满足——或者至少寻找近似的满足。几乎过去任何一件有影响力的事都可以转化为情欲，围绕着这一经验的原初刺激（然而是负面的）引入性的渠道，因此自动复活了它（尽管是间接地），并获得短暂的释放。

我们的性观念不过就是这样的情欲。比如，一些男人可能会非常渴望性，希望每天有很多时间与伴侣进行性活动。事实上并不是这样，只是因为他们承受了超负荷的愤怒和恐惧，因而寻求相当大的能量释放，不管这种经由性活动的释放是多么短暂（尽管是不知不觉地）。射精是他们的泄气阀，是能令他们迅速修复的减压器，他们的伴侣不过是其排放孔而已。

与之相反，一些性观念非常开放的女性实际上非常缺乏安全感，她们让自己很容易被得到，以此来寻找安全感的提升。她们只是将对安全感的需要化为情欲而已，而且在一些情形中，也将它灵性化了。这显示为对一个男人的控制欲，或许在她们幼年的时候，被其父亲和其他男性或女性控制。

看看这样一个较为阴暗的例子：一个男性经常借由被鞭打获得最大程度的性快感。在他的幻想中，他将情欲与暴力联系起来，并被描写这类情形的作品吸引。人们可能认为他只是有一些古怪的性癖好，只要是发生在两个同意如此做的成人之间，就没什么不正常的。然而，更真实的情形是，他之前受到过严重的创伤。将他的幻想和行动中情欲化的部分去掉，剩下的就是暴力和爱的匮乏。发现这一点丝毫不令人惊讶：在他幼年时候，他几乎每天都遭受家庭暴力，而且这是他从家庭获得的唯一触摸。将他内化和未化解的暴力情欲化，只能抑制创伤，而只有剥开它直至其根源才能使疗愈成为可能，这会迅速削弱他的行为兴趣。一旦原初的疼痛被敞开地感受，并被妥善地处理，就不再有将之情欲化的需要了。

一些情欲幻想可能相当复杂，但其根源并非如此。实际上，这样的复杂性可能只是反映出这样一种需要：需要很多事物井然有序或处于控制中，这样就会得到渴望的结果，这种需要，很可能根植于幼年极度混乱和失控的环境。但是无论其细节如何，被我们情欲化的需要只不过是一种需要。剥开其情欲化的外衣和表现形式，剩下来的就是未被疗愈的部分。一旦我们意识到，将我们的需要和未解决的创伤情欲化，既是一种对痛苦的逃避，也是痛苦的标志，我们就可以将性从"它能让我们感觉更好"的束缚中解放出来。

这样做的时候，我们不仅是对我们的能量负荷负责（这表现为一种新出现的责任感，对那些升起和夸大的性负荷承担起责任），也不再让性卡在生理上或谭崔式的困境中。这样我们就真正进入了性的完整性。要对我们的需要和创伤去情欲化，就要看到它们最原始的模样，并转向我们真正所需要的。

真正的性并不承诺快乐，它始于快乐、放松、爱和毫不保留的亲密，不需要灵性的礼服来装扮它。停止用性来疏远痛苦吧！让我们来到已经开放、已经很幸福和已经建立了连结的地方吧！不再判决它在我们神经症的"工厂"中做苦工。如果性激情不是从成熟的爱和连结中升起，那么为什么要强迫它？为什么要诱发它？为什么要幻想或者努力在灵性层面需要它？

当我们不再试图让它进入"更高的"的领域，那么性就会具有灵性。这需要非常深刻地分享信任、爱、透明，以及对那些真正有益于我们和我们伴侣的承诺，做出实实在在的承诺。然后，在令人心醉神迷的原始亲密中，性就成为爱，成为激情和恩典——呈现和庆祝着已有的连结——的丰美神圣之舞，在情绪层面的敞开之舞。

第十五章

既 不 浪 漫

也 不 逃 避 的 关 系

　　一旦我们陷入灵性逃避中，就会比较喜欢圆满的关系：没有冲突，没有愤怒，没有混乱，不会让我们手脸。我们始终面带微笑，被"无情的温柔"支配着我们的关系，每个人都竭尽全力做到最好。这样的关系没有拒绝，却有一定程度的疏离（dissociation，心理学专业术语常译作解离），伪装成灵性化的超然和平静。这样的疏离让我们孤立，让我们与脆弱性和对真正亲密关系的深度需求隔绝，被放逐到"心理情绪"的荒原。

　　也有可能发生截然不同的情况。不是逃向疏离状态，而是迫切地想要融合。个人界限可能被弱化或者被忽视，以至于伴侣双方的相异之处消融了。无论这样的融合有多浪漫，都不会带来真正的结合与亲密，而会显示出某种个人性的同质化。因此，我们的关系可能会被疏离主宰（不健康的分离），也可能被融合左右（不健康的连结），二者是机能失调的两种表现，前者被当成不执着，而后者被当成分享、亲密或者"合一"。但这样的融合意味着我们的分离性被忽视而不是被超越；界限已经崩塌，而不是扩张；我们并没有跨越我们之间的距离从而产生真正的交集，而是被略过或遭到了否认。

正如常见的浪漫爱情。

当我们的情绪被幻想所产生的刺激控制而混淆了融合与亲密之间的关系时，就会发现我们陷入了这样一段浪漫爱情中：满是令人情迷意乱的理想主义，充满了希望，开口闭口都是融合与真爱。尽管一些人可能会认识到，这样的浪漫融合是很愚蠢的，但仍有很多人希望拥有它，并相信这是令人愉快的，是爱的一部分。实际上，这不是爱，而是一杯用情欲的理想和希望调成的醉人鸡尾酒。当这一想法被灵性化后，会更加令人兴奋，好像充满了"命中注定"的意味。其实，这只会令我们更盲目。不过，只要我们能够保持一颗初心，渴望更深的、更实在的连结，谈恋爱会真正成为找寻真爱的准备。

浪漫是一场前卫的美梦，让人极度兴奋并不容易从中醒来。然而，只要我们还想活在真实的爱中，还想让真正的亲密成为可能，就必须醒来。当我们陷入浪漫，就容易感到意乱情迷、慌慌张张、如痴如醉，我们失去批判能力，陷入貌似亲密（二人宗教）的舒适大泡泡里。对现实粗硬的尖刺——恰恰会被吸引过来——毫无觉知。实际上，一旦热情不再，怀疑悄悄潜入，美梦就失去了瑰丽的色彩，爱人们也会惊讶哪里出错了，居然看不到那些对关系不利的因素一直都存在。

几乎所有人都会坠入浪漫的爱河，但很少人能拥有真爱，并且维持真爱。浪漫对我们的要求很少，不过是"射出一弹"（pop a pill），但是爱——特别是真正的亲密之爱——却对我们要求很多，不仅需要我们付出真心，还需要我们诚实、有辨识力并保持觉知，既有能力敞开自己，也有能力保护自己。然而，穿越浪漫幻想不仅意味着亲密关系的魔法终结，更意味着我们将关系建立在共同觉醒、真正的亲密互动的基础之上。浪漫是毒药，爱却让我们觉醒。

我们更偏爱浪漫而不是真爱的另一个原因是，浪漫能够有力地转移我们对生活中痛苦的注意力，而爱却要求我们将这些痛苦放进心中，不管这样做会多么受伤。浪漫带我们逃离生活中的挑战，但爱却让我们面对这些挑战。这不是灵性逃避中理想化的爱，而是真正亲密的、生机勃勃的爱。

为了更进一步辨别美化关系中"合一"的情形，我们可以看一看婴儿的"一体"，在大多数关于灵性逃避的论述中，这种"一体"被等同于非二元、开悟的意识，仿佛婴儿和圣人处于同一状态。婴儿的世界是一种无缝的紧密结合状态，任何事物都是整体的一部分。空间、时间和因果关系并不会被体验到；我们行进的方向，不是从这里到那里，而是从这里到这里，从此刻到此刻。这样的"一体"并不是令人喜悦的，尽管包含着令人烦恼的因素，但它仍是一个没有边界的宇宙。

美化婴儿早期看似"合一"的状态是很吸引人的，仿佛这是一个失落的乐园，比得上——甚至就是——圣人的开悟状态。但是，婴儿这一状态是出现在分化之前，而并没有超越或者溶解界限，因为他们压根还没发展出界限。另一方面，对圣人来说，自我的所有面向都已经充分体验，并认识到分化只是"存在"。也就是说，圣人的界限并没有崩塌，而是扩张至含纳一切。这是完全的接纳，是有意识的也是真实的。

圣人超越了二元性，而婴儿才刚刚进入二元性，并没有意识到他或她降生到一个彻底的二元世界里，这远不是一个觉醒的世界。实际上对婴儿来说，进入二元世界必须失去他或她的"一体"状态，就像沉醉于情迷意乱之中的浪漫情人，迟早会遭受恋爱力量的反扑——这一力量为了将双方融合，也必须面对差异性这一现实。此时我们会看到婴儿进入二元世界，仿似从天堂堕落，这是一个必要的学习过程，在这一过程中，限制、界限的构建和出现，恰恰是实现真正的非二元性的道途。

个人界限的崩塌和心情无比亢奋是浪漫爱情的特征，这可能会让人重新体验到婴儿宇宙的圣秘（numinosity）以及逝去的荣光。实际上，这只是模糊了爱情中两人之间的距离感和不协调感，而一旦这种距离感不能再被否认，我们就可能感到被踢出了天堂。但我们也有可能在体验到幻灭后获得解脱，从而得到变富足的机会，去过一种深入的、超越浪漫的、深植于爱的生活。

美化疏离或者摆脱个人界限的行为，会很容易忽视这两种做法的危害——轻则沉迷其中无法自拔，重则患上精神病。我们很可能忘记了婴儿并没有界限需要溶解，忘记了那个我们崇拜的小小存有是如此的无助。我们是真的渴望重回这种无助、脆弱和依赖的状态吗？或者，我们在美化婴儿的世界时，仅仅是想对这个高度二元对立的、碎片化的、令人极度痛苦和失望的世界不那么敏感吗？

关系中的灵性逃避有这样一种倾向：对逃避真正亲密关系的建立采取被合理化的灵性方法，这些方法不仅有上述的疏离或融合，有时也会本着"我创造我的实相"这一精神，过分强调自己对亲密关系中的问题负责，将这么做当成一种美德。这种倾向鼓励我们将关系中出现的任何困难都认为是在告诉我们一些有关自身的信息——只是有关我们自身的，好像伴侣的问题并不需要去解决。此时，我们可能会相信，批评他人仅仅是为了逃避看到自身的问题，实际上，不允许自己有批判性，是对关系互动和关系深入的逃避，因为我们试图采用所谓"正确的"方法，是为了不制造出烦恼和事端。

因此，如果我针对你做的事批评你（解读为评判），你要做的是，让我知道其实我是在批评我自己，我要去检视我对你说的话反映出我自身的什么问题。也就是说，这种方法将所有问题的矛头指向自己身上，而且不得抗拒。这能帮助我们避免对抗，也避开了随之而来的真诚和有深度的交流。

这样，我们的关系看起来很深入，因为我们赋予了它如此多的灵性，实际上只不过陷入了这样一个怪圈中：力图让事情看起来很好很安全（解读为疏离），从而远离了真正的亲密带来的活力、激情和混乱。

如果我针对你做的事批评你，同时避免我们发生某种真实的"能量交换"，你还有另外一张牌可打：你可以说我将某一心理问题投射到了你身上。如果我说我没有投射，那你只需要指出我在否认并提醒我注意，我们不喜欢别人身上的某种东西，其实就是我们自身那些不被喜欢的特质。简而言之，你可以羞辱我，尽管不是直接的。鉴于发生的事和你有关，而不是我，这样说实在是太有欺骗性了。这种情形还会持续发生。

是的，有时发生冲突时，我们会将自己的缺点和黑暗面向投射到伴侣身上，但如果情况并不是我们在投射，而是伴侣真的做得太过分了呢？在健康的关系中，会有足够的空间容纳对抗、愤怒和情绪上的原始活力；会有足够的空间容纳本能层面的诚实，既对我们自己诚实，也对我们的伴侣诚实；这是一个共同承诺，承诺揭露自己，但不纵容他人

(cutting others too much slack)。对两人的困难，不是逃避或超然，而是一起面对它，穿越它，在这一共同的旅程中，一起去发现和分享越来越深的亲密。

当我们陷入灵性逃避中，往往会美化现实而不是面对现实——在任何地方这一点都不如在亲密关系中明显，我们对亲密的恐惧会被精致地灵性化，将疏离或者过分的融合理想化。让我们尽可能地与我们的灵性逃避倾向亲密，从表层进入到深处的恐惧核心，找到真正的亲密，让它醒来。真正的亲密让我们彼此连结但不融合，保持距离却不疏离。

自由是通过真正的亲密而得到的。

第 十 六 章

空 洞 的 灵 性 与 实 体 化

当我们陷入灵性逃避时，通常就会像詹姆斯·乔伊斯（James Joyce）笔下的达非先生那样"住在离自己的身体有一段距离的地方"。这种情形在我们练习瑜伽、进行冥想或体育锻炼时，也有可能发生。我们可能会不同程度地连结到自身的肉体，按照身体的韵律安放它，但是通常我们并没有活在身体里；我们花了太多时间待在顶层的庇护所——我们的头脑指挥中心里。然而在那里，我们很少考虑这样的问题：身体只是在执行大脑的命令吗？身体只是自我和灵魂的容器吗？身体只是由组织、骨头和血液组合而成的吗？或者身体是一种更伟大的事物吗？

我有一些与身体失去连结的客户，当他们对自己的身体感到更加自在时（特别是通过深层的情绪工作，再结合一些接地气的冥想），行为会变得更加优雅；并表现出更多的整体性，而不是各个部件的可怜组合；与他人交谈有更强的共鸣，眼睛里闪烁着更有神的光芒。简单说来，他们感到更真实，对自己如此，对他人也是如此。"越来越身体化"，是一项非常具体的工作！

对自己的身体感到自在，与"和它建立亲密的关系"不是同一回事。与身体疏离不仅发生在灵性逃避中，更是一种在文化生活中常见的习惯。概括来说就是：长期以来，我们将大部分注意力投向了心智维度，也就是说"活在头脑中"。以这种方式活着就是"心胜于物"，看起来相当自然和适当。实际上，在文化意义中，这是典型的对身体感的逃离：将脖子以下的部分视为"物体"，"物体"是我们不得不背负的重担。无论在东方还是在西方，都有很长一段否认身体的历史，这段历史无意中强化了这种负面心态，并强化了身体只是"我之所是"的容器的理念。

要想真正地获得身体感，就得与我们的身体亲密，就得从内在的结构、情绪、能量层面了解它，而不只是停留在头脑里。对很多人来说，这一练习没有吸引力。毕竟当我们深入身体时，可能会遭遇一些令人不快的感受和感觉，这些感受和感觉来自一直未能治愈的创伤。我们可能会问，我们深入的目的何在？原因是我们实在太容易在心智上疏远身体，甚至游离于身体之外了，更何况我们还将这种行为视为某种灵性练习。

我们很多人不是学习如何获得身体感，而是在学习如何摆脱身体感，并依靠理性的思考而活。这些人重认知而轻感觉，让自己迷失在抽象的概念之中。想象这样一幅画面：在巨大的公海水域上，飘浮着无数和头的尺寸一般大小的救生圈，每一个都很有个性。这些漂浮的"头"一望无际，身体却在水下看不见。这个意象——如此鲜明，简直可以颁发一张明信片以示永垂不朽——代表着我们集体意识中对身体的态度。它关于"水面以下"的严肃思考值得我们细想。

我们忍受着身体的存在，梦想着超越它，居于更高的、超越身体的意识状态之中。这副身体当然不是我们的全部，但身体是对"我们是谁""我们是什么"的完整表达。我们必须小心这种脱离身体的空洞灵性，它将身体视作业障，是为了成道所付出的代价，而不是将身体看成某种有价值之物，看成我们本性的一个本质面向，借由它，我们可以真正地觉醒。

当然，世俗文化长期将身心视作分离之物，将心智置于身体之上。尽管文化中对身体形象痴迷的例子数不胜数，然而我们对身体的迷恋不过是将它当作客体，而不是视为一种至关重要的存在表达。将身体当作"物体"对待，既包括利用身体享乐，也包括在它令我们失望之时将它推得很远。这种做法让我们和他人无法连结，只是借由信念和抽象的概念——而不是基于身体中心、以身体为荣的经验——稳住脚跟。看看传统的商务制服就知道了。随处可见的领带——和衣服本身的功能关联不大——将头脑和身体分开，犹如一个可以拉紧的套索勒住脖子的下半部分，切断了头部和躯干的能量流动。在心理情绪层面的身心分离现象随处可见，并不仅仅出现在西服中，而且出现——它怎么能不出现——在教育体系中，表现为对智力发展的侧重。

　　当我们描述外星人（aliens）时，典型的做法是给他们安上一个超大尺寸的头，而身体则像是后添上去的。这不就是我们的集体自画像吗？我们在不知不觉中精确地描绘出一幅异化（alienation）——我们的自我惩罚——的画面。在我们的想象中，更进化的存有头部被高度地开发，而身体不过是"显化"这架可视飞机上的行李箱。灵性逃避本身就是一项异化练习，劫持了我们，让我们远离完整的人性，丧失了将肉身显化于地球的能力。

　　不过，无论我们如何忽视、虐待身体，它都会通过各种各样的病痛和失调，来呼唤我们的关注，将它与存在的其他部分进行整合，荣耀它、爱它，将它当成"我们是谁""我们是什么"的表达。至关重要的是，要认识到身体本身就是神圣的，就是对我们本性的表达，更要认识到我们游离于身体之外已经太久，我们对身体的评断已经不合适了。身体的理想主义对我们造成了难以置信的伤害，比如我们无休止地沉迷于我们（以及他人）的外表。在我们深入到这张皮囊——它的身体意象是扭曲的——下面之前，在我们探寻和穿越其心理根源之前，我们都会受它的摆布，被无处不在的镜子劫持。上千年来，"肉体"一直承受着负面压力，遭受着侮辱、罪恶、淫荡、道德弱点和疾病。我们很多人似乎非常不喜欢自己的身体，或者我们可能喜欢身体但不希望它发生变化，将其当作绝对存在之物。在两种情形中，我们都将不切实际的期望压在了身体之上，其核心是我们对"永葆青春"的沉迷。身体不仅揭示出在情绪层面发生了什么——在举手投足之间，通过表情和姿势——还显露出我们的无常本质，不管我们怎样进行无止尽的锻炼、节食和外科整形来延缓衰老。尽管看起来我们极其关注身体，但只要我们不面对人终有一死的事实，就会一直与身体保持距离。那么，我们应该怎样对待身体呢？

尽可能有意识地带着觉知——慈悲而醒觉的专注——进入感受、情绪之中，进入身体的能量模式和心理层面（psychological holdings）之中。关注并进入情绪，感受它原始的层面，给予它表达的空间，了解与它关联的生活事件，这种方式对于我们重新连结身体特别有效。这么做可能会相当痛苦，因为在深层情绪中可能蕴藏着大量心理创伤，因而我们可能会抗拒。但接触这些感受并释放它们，我们可以与身体更好地整合，建立起更亲密的关系。

当我们观察身体时，可能会发现自己在俯视它，这不仅是在空间上而且还存在于意识中。但身体真的是在我们"下面"吗？腹部也真的是在我们"下面"吗？腿呢？如果是这样的话，是从谁的角度在俯视呢？我们从头脑指挥部的角度观看身体时，看似我们是在上面，实际上，我们是在将头部和身体分开，而脖子夹在二者之间。所以这么多人有颈部疾病，一点都不令人惊讶。我在为客户做颈部治疗时，通常不需要很长时间他们就能感受到，在头部和躯干之间有很多能量在流动，同时还会释放大量的情绪，并深刻理解到困扰他们的是什么（pain in the neck，直译就是"脖子痛"）。将身体的地位削减为具体的"物体"，就是在疏离身体，如果我们因此与身体失去了连结，就会对"集体身体"——自然的躯体——不敏感，不管我们的哲学观是什么，都不会有"生态智慧"。我们喜欢把身体当作一个独立存在的实体来谈论，这种身心分离无所不在："它"生病了，变老了，虚弱了；它没有足够的吸引力了，不够健康、强壮或者有弹性；"它"背叛了我们，阻碍了我们，不再听我们的话。一句话，"它"拉低了我们，令我们失望了。我们还可以不厌其烦地说下去：身体是变化莫测的、不可理喻的，要不太热要不太冷，要不太累要不太兴奋，要不太笨重要不太瘦弱，要不这样要不那样，不断地要求填补，一会儿空了，填满了又空了，一次又一次地制造麻烦。

认为身体只是"它"的这个"我"，或许可以成功地伪装成我们真实的样子，但这不过是一个习惯的集合，我们只是通常将它称为"我"而已。它是一个人格化的内在，获准坐在自我的宝座上。这个"我"仿佛终生居于内在，虽然看起来很理性，但只不过是一个被崇拜的对象。因为缺乏躯体锚定的感觉，缺乏与躯体的协调，这个"我"压根不清楚我们的基本需求是什么。由于这个"我"与感觉疏离，所以它是如此枯燥而抽象，通常它偏好理智而不是经验，喜欢冷静而不是富有激情，看重客观性而不是主观性。不管它有多聪明，它那空洞的理性对心智探索太过热衷，所以并不会造成真正有益的影响力。它忙于解剖和分类，以至于不能和混乱的、原始的感觉和情绪——可能污染了其"无菌的圣所"——亲密。这样的理性是荒谬的理性，与躯体和情绪的实相分离。我们应该停止尊崇这样的理性，因为这样的理性缺乏根基，无法以整合的目光看待一切事物。这是身体中的一种智慧，是感觉中的一种智慧，当我们能够获取这种智慧，并将之与认知能力协调运用时，更深入、更富有智慧、更完整协调的生命就会展开。所以，我们需要回归身体。这远超过进行瑜伽与健身、治疗疾病的内涵。我们可以让身体更灵活，更健康，更有力量，即使摄入大量的高级营养品、有机食物，但仍然和身体没有连结。回归身体，意味着采取一切必要的行动来穿越那些空洞的经验，在某种程度上，这是一次痛苦的旅程，因为我们要进入并穿越最初否认身体，与身体失联的痛苦。

第一步是给这些痛苦命名并坦率地承认它的存在。第二步是转向这些痛苦，这样我们就能直面它，哪怕这么做可能是违反直觉的。第三步是由表及里地进入痛苦，深入它的原始动能。这样做我们不仅与痛苦更亲密，而且能与那些阻止我们进入痛苦的阻抗更亲密。在这个过程中，我们会发现自己能够越来越深地沉浸在躯体实相中，对感官知觉和情绪都有相当大的觉知。我们对身体的感受越来越深，我们越来越能与身体在一起。我们走路时不再思考，而是越来越觉知走路的过程，享受感觉的流动和经验中的细微之处。我们仍然能感受到旧有的伤痛，但我们能够以疗愈它的方式接纳它。

回归身体并进入身体并不意味着抛弃思考能力，而是允许它与理智的社会、躯体、情绪、灵性、道德、审美和求生的面向协作共存。回到身体并不是退步，而是一个实实在在显化肉身的机会。这是一个以内在觉知为中心，而不是以自我为中心的时刻，一个将个人、关系和超个人面向融合在一起的时刻。这样一种多面向的、踏实的存在是一种普遍的经验，当我们走近、进入以及穿越我们未解决的创伤时就会发生。在我过去超过三十年的工作中，我看到了无数次这样的情形。回到身体意味着近距离地检视我们对身体的种种假设。比如，思考一下存在于身体之内这个概念。假设我们确实在身体之内，那么我们不仅会将身体削减为一个容器、一个住宅区、一件事物，而且还暗示身体在我们之外，是一个出口，一个潜在的通道和旅行之地。最终，如果我们已经不相信自己在身体之内，甚至会考虑怎样才能离开身体。然而，我们不能离开身体，因为实际上我们并不在身体之内。"我们是谁"呈现出来的不是身体之内的样子，而就是身体本身。这并不必然意味着我们完全就是我们的身体，而是说身体并不是我们的容器。

那么，你可能会问：离开身体的经验（out-of-body experiences，简称 OOBEs）是什么呢？这一经验的存在不恰恰证明了我们并不居于身体之内吗？其实，这仅仅显示出，存在着大量和身体失去连结的情形，这一情形和睡着了不同。因此，与其说我们从身体离开，倒不如说是我们允许身体离开我们；我们是有意识的，但是并非有意识地居于肉身。分离感就是"OOBEs"的特征，这是一种与身体分离的感觉，或者与实际存在的分离。通常情况下，强烈的冲击和极端的压力激活了大脑分配注意力的区域，从而引发这种感觉。不少童年时遭受过可怕虐待的客户谈到，他们从靠近天花板的某处，或者在一个角落里看到自己遭受虐待，此时，分离身体是一种生存机制。

就"更实体化"而言，其本质不在于看到身体，而是从内到外，全神贯注地感觉到身体；不是从一个理智的角度感觉它或者把它当作分离的部分，或者居于更高的意识状态去感觉它，而是直接感觉它，让觉知和感觉完全相触。真正感觉到身体是一门艺术，是慈悲、耐心和灵性探索的交融。此时，我们在肉体中遭遇灵性——肉体的灵性，我们发现了灵魂具体化的奥秘，发现它是如何运作的。此时，我们的身体性只是对本源的表达，是源头独特的形塑，与"我们的本质"和谐共振，它赋予我们一种媒介，经由它我们和一切万有相连。同样地，具体化是一种终极的参与行为。

身体需要的是被爱，被好好照顾，被照亮。它并不是一团独立的、各自存在的东西，而是与一切万有相连——不仅是基本的存在。身体本质上是存在，也是凝结的存在，从地心引力和无限的光中快速旋转而出。身体并不仅仅是物质！（就此而言，物质并不仅仅是物质。）身体并不是我们必须承受的负担，不是我们实现真实本质的阻碍。无论外表如何，我们的身体是一件礼物。我们需要将"把身体当成身体"的观念转变为"身体是一种存在"。允许自己更充分、更全面地显化我们的本质，我们就有可能活出更深的生命特质，我们禁不住大步流星地迈向完整性，与"我之所是"发展出更深的亲密关系。

我们倾向于将"居于身体"当作一种假说，而不承认身体粉碎了这项假说的意义。身体必须进化，才能使疗愈、转化和回归成为可能。允许内在的觉知去遨游，去探索你的身体，直到你的身体很明显地已不再是身体，而是一种感觉敏锐的、无时不在运动的能量，与一切万有呼应谐调。我们不仅要热爱比身体更持久的事物，也要热爱身体本身。因为它是一种独特的绽放，渴望在消亡之前，它的美丽和奇特性被世人获悉。

不管我们是否能听到身体的讯息——经由其结构、姿势、紧张情况和情绪状态来明确表达，我们的身体一直都在揭示关于我们的真实情况，不仅告诉我们曾经的样子，还揭示我们时时刻刻的存在状态。我们遭受的损伤，不仅是身体损伤，仍然鲜活地保留在身体中——无论多么费力地伪装起来也掩饰不了——除非已经做过深层的疗愈。这样的疗愈必然是深层的，还带有面对情绪上的生冷刺痛，至少某些时候是这样。它邀请我们将冰冻的昨天转变为流动的、踏实的当下。

那些受伤的记忆——依然还在令我们受伤——停留在细胞、组织、器官、筋膜、骨骼和肌肉里，仍如初次受创时那样鲜活。问题是这种记忆并未嵌入我们的日常意识中，通常这些创伤从深层浮现至表层时，被剥夺了情绪深度。深层的情绪记忆存在于我们内部，很难接近。

正如我们身为集合社会体，不得不将大量放射性的废弃物储存起来，牢牢地密封在容器里，我们的身体也将那些还不能释放的创伤印记密封起来，让它尽可能离日常意识远一些。（次级释放，比如性什么的，可以让我们感觉好一点，然而这样做只能短暂地释放一些表面的压力，而这些压力是由深层创伤引起的。）

将不能及时处理的痛苦储存起来并不是我们想要的，这是一种历史悠久的生存策略。看一下这个例子：将阿米巴虫放入被印度墨水颗粒污染的水里，它会将这些颗粒吸收并储存在液泡里（微小的、自足的细胞原生质腔体）。然后将阿米巴虫放入干净的水中，它的液泡会移至细胞膜的边缘，就像在健康的治疗过程中创伤浮到表面那样，然后排出墨水颗粒。

我们隔绝和封存创伤的能力——这样，系统的其余部分才能够正常运转——总是让我们惊讶。但是真正令人惊讶的是创伤的密闭程度——不管是如何处理它，如何被补偿——使有机体和个体能够存活下来。我们可以"吃"掉创伤，可以吞下它，可以假装它没有将我们的内在撕裂，但是我们并没有"消化"它。我们的"液泡"并不真的是容器——尽管它在身体之中，它是一种内在机制，这一机制使我们能够压抑痛苦，特别是难以承受的痛苦。

当我们的创伤区域被触碰时，我们可能会非常敏感。这很容易理解。就像我们紧紧地收缩腹部的肌肉，可能是要抗拒变得柔软，或者抗拒释放，因为我们已经非常接近原初的感受，正是这一感受让我们必须收缩；或者这些肌肉太松弛太柔软，对外部接触没有任何抵抗力，好似一个无人荒岛，这也显示出我们最初保护自己的方式。无论发生何种情形，我们都需要疗愈身体，特别是疗愈情绪的面向。我们渴望与痛苦保持尽可能远的距离，这一渴望催生了逃避策略，使我们易于将疏离身体合理化。

回归身体并不仅仅是指回到过去，而是指回到过去并穿越它，识破任何引诱我们逃离当下的策略。回归身体涉及到注意力的重新分配。这是一种形而上的移动，不是从这里移到那里，而是从此处移到更深的此处，从当下移到更深的当下。

身体能告诉我们很多关于过去的事情，包括遥远的过去。身体由曾经历的一切塑造出现在的模样。身体曾经历了什么？基本上它和整个宇宙相连：在形式中的形式（Forms within forms），绽放和凋谢、进化和消失、出生和死亡、物质和非物质、重要的和不重要的，每一个小点都偶然地联系在一起。我们显化特定的某物，与此同时存在着庞大的、难以领会的事物，想象力根本无法触及。

而且，我们平常的自我不过是一个念头罢了。在注意力分散的时候，伴随着日常舒适的、熟悉的感觉，分离的自我就会复活。我们不是让头脑为我们真正的自我服务，而是倾向于滥用它的属性，运用推理能力和情境化的力量，疏离痛苦，与我们需要面对的渴望保持距离，将身体实相分离出去——这是我们经常做的，变得"没有身体"。

当我们对身体无感时，就容易将知识和智慧与头脑联系在一起。我们绞尽脑汁，想办法打发人生，时不时靠着麻醉自己、性活动或者把身体当成消遣的工具来稍作喘息，逃离头脑的控制。我们的身体也被填满了心智活动——如果有人问：你感觉如何？大部分人会查找答案或答非所问。他们绞尽脑汁，在头脑里搜寻，好像头脑知道答案似的！

回归身体不仅会加速我们的疗愈过程，让我们锚定和回到中心，而且能够分化自我，这样我们所能具体化的就比自我的王国更大。回归身体不是指由自我统辖我们不同的"部分"，一部分想要这个，一部分想要那个，另一部分的我两个都不要，诸如此类——这揭示出的并非是健康的模糊性，而是自我分裂。回归身体指的是与组成我们的各部分建立以存在为中心的关系。

身体是我们与环境建立关系的媒介。（肉体对应的是物理环境，梦中的身体对应的是梦中的环境，诸如此类。）具体化（居于肉身）是一种关系。一旦我们成熟，就不再将身体感知为一个固体物，而是感知到它不是静态的，经由它，我们被揭示、被表达，不管我们处于何种状态。

当我们陷入沉思时，我们没有身体。

当注意力被带到思维中，我们就拥有了身体。

当注意力被带入感觉中，我们就从拥有身体变为存在于身体。

当注意力被带入觉知中，我们就从存在于身体变为作为身体存在。

当注意力被带入全然的临在，带入存在固有的整体性，我们就从作为身体存在变为单纯的存在，既没有与身体分离也没有认同身体。

一旦我们从拥有一个身体变为存在于身体，再变为仅仅是存在，就会发现自己不仅回家了，而且就坐在炉火边。有意识地、负责任地彰显我们所有的一切，我们就与一切万有越来越亲密。我们可能仍然是一个相对实体，但现在我们用自己的方式让自己没那么固化了。灵性逃避不再吸引我们。我们了解了核心真相：自由并不会被局限性限制住。精神脱离于肉体不再是其中一个选项。在灵性逃避的圣龛里游荡一段时间，只不过是我们整合旅途的一个课程设置。没有级别、没有觉醒的奥斯卡奖；我们只是重复上课，直到我们在内心深处学会这些课程。如果我们愿意，身体的电、身体的低语、身体的灵性，会摧毁我们的心理情绪上的麻木，带我们进入更完整的整体性中，直到我们毫不含糊地居于身体，如同我们居于灵性中。

第 十 七 章

真 正 的 责 任 心 、

勇 气 和 责 任

灵性逃避有时会表现为一种扭曲的责任感，在这种责任感中，自我判断会通过压制我们更平衡、更开放的态度来对待我们的感觉和行为方式。我们混淆了责任和指责，贬低自己和他人，任由短视的灵性正义控制我们。此时，无论针对的是谁，我们并不怎么在意对方。

对责任的承担能够扩展和增强我们的力量，指责则压缩和削弱我们的力量。承担责任能够增进亲密感，而指责则会抑制亲密感。当我们忙于指责，实则是缺乏慈悲，不愿将自己的问题呈现于心理情绪的法庭上。如果我们自责，就是将注意力集中在我们有问题的行为上，用愧疚刺穿并封闭自己，让自己保持收缩的状态，待在黑暗里。无论我们针对的是自己还是他人，无论表达得多么灵性，指责都不是出自内心。指责演化为道德绑架来玷污我们，在其中，罪疚和谴责伪装成良心出现。所以对我们的生命真正负起责任并不容易。

真正的责任发自内心，没有感伤情绪，也不会寻找借口。比如，我伤害了你，那么我需要敞开心扉，坦诚地承认自己做了这件事，但我并没有自我鞭笞，没有卑躬屈膝或者用其他方式表达自责，没有否认或过分强调其他与我无关的、可能导致你感情受伤的因素。毕竟，对此心怀愧疚并不会对你有帮助，实际上只会让我与你疏离，与我的所作所为疏离，因为这种内在的自我鞭笞很容易让我脱离情境，并减轻你反击我的渴望。

相比之下，敞开内心对我的所作所为表示懊悔，并不需要我缩紧、畏缩或者丧失尊严，而是需要我识别出我的草率行为，以此来促进疗愈，来深化我们已有的连结——无论是什么样的连结。责任是完全清醒的良知，被责任催生的羞愧会促使我们尽力找到健康的解决方案。

当我们忙于指责自己的错误时，其实我们并没有负起责任，而是将自己当作人质，在别人打击我们之前进行自我打击，这就是愧疚的本质。这是一种内在的自我分裂情绪，在这种情绪中我们固执的孩子气和不负责任的面向，会引发愧疚，这一面向会迅速地被固执的父母面向惩罚。愧疚让我们保持幼小的状态，安全地隐匿起来，逃避对生活的责任。愧疚包含着对理智父母的拒绝，将我们放逐到指责的领域。

指责聚焦于贬低，责任则力图把事情办好。负责任的本质在于责任性，或者说是一种能力和意愿，能够承认自己在特定的情境扮演了什么角色，能够接受行为的后果。那些对自己言行负责的人是可靠的、值得信赖的、守信用的。简而言之，他们值得被依靠。

有好几种层级的负责任。首先，承认事情是自己做的，并做出必要的赔偿。经过练习，随着觉知的增加，我们可能超越责任对我们的要求，而臣服于更深层的责任伦理，从遵守规则——似乎支配着任何特定情境——转变为荣耀这些规则的精神。最初，负责任可能是一个好士兵，但是在其最成熟的层级上，它就是一个伟大的战士，在良心的许多维度发挥着作用。

我想起一个我听过的故事：一位身患重病的女性认为整件事都是她一手造成的。她命悬一线，十分努力地配合治疗，但病情一直没有起色，她感觉很糟糕。后来她找到一位信仰治疗家，结果她的病竟奇迹般地被治好了。很快，她自杀身亡并留下一张便条，她满怀羞愧地在便条上写道：如果她这么容易被治好，如果她缔造了整件事自己却无力做什么，那么她不配活下去。这是新时代的主张是阴暗面，也就是我们自己创造了我们的疾病，与他人无关。从这一天真的主张出发，可以推导出那削弱人的羞愧和屈辱！这位女性相信她得为她的疾病负责，可实际上，她只是在谴责自己生了病，在整个过程中她对自己完全未抱慈悲之心。

"负责任"的含义不像看起来那么简单。比如，就我们与伴侣之间发生的事情而言，我们可能会承担起所有的责任，但这并不是因为我们是某种高贵无私的存有，而仅仅因为我们不想依赖别人（很可能早年我们的依赖性被恶劣地对待过）。实际上，承担太多的责任才是不负责任，我们剥夺了伴侣的体验，剥夺了他借由对所做之事负责，从而获得成长的机会。我们并未对亲密关系负责，而是出于潜在的目的——避免触及痛苦的情境，而制造出为自己负责的假象。

即便我们相当清楚发生了什么，仍旧会强化旧有的习惯，以此来构建经验。如果我们依赖得到别人的认可，或者倾向于过度自我批评，就可能将表面的反省变为一种自我欺骗和自我惩罚。与此同时，我们可能会为我们愿意诚恳而坦率地看待自己感到骄傲。可实际上并不是这样的，我们只是假装我们没有屈服于自己的模式。

灵性逃避经常强调对我们所做的一切负责，但在这个语境中，"负责"意味着将指责灵性化，这给了自我反省一个坏名声。过分关注我们正在做的事情，相信我们要对既定的情境完全负责，就会很少注意到他人的情形。自我反省是承担责任的基本要素，但并不总是像表面看起来的那样。如果我们的模式是操纵，考虑到这一"滤镜"的不通透和扭曲性，我们的内省就不会有太多的清晰度和深度。过分地认同这一模式，会遮蔽我们的双眼，会压缩我们，会让我们停留在错误的认知里，直到有足够强的力量将我们唤醒。

在心理治疗和灵修中，这会将我们带入某种最容易被忽视的情绪中：羞愧。羞愧通常让自己很痛苦地暴露在外，满怀悔恨，这是很不愉快的体验。因而我们想要尽可能快地逃离它是可以理解的。一个特别常见的逃离方法是将羞愧转化为愤怒和攻击。试想一下，那些心怀羞愧的人是多么容易将能量转为寻求报复之道。不过相比女性，社会更容易接受男性表达愤怒。愤怒并不总是直接针对外在，它也可以指向内在。很多人（男性多于女性）将由羞愧催生的愤怒施加在他们所爱的人身上，比如抱怨伴侣长篇大论，因而认定他们是混乱不堪的。还有很多人（女性多于男性）将由羞愧催生的愤怒施加于自己身上，以过分挑剔的眼光审视自身的缺点，或者认为可能有更好的方式表达自己的处境和需求。这些人会避免公开表达愤怒，抱怨伴侣太过迟钝。

　　就像有盲目的慈悲、盲目的谦卑（制造出一种自我谦逊的美德，以免太过引人注目）、盲目的宽容（表现为一种不加区别的接受和强迫性的平等主义）一样，也有盲目的负责：让自己过度承担责任，好像这样做是一种正直的行为。实际上，我们真正所做的，是让自己自责和心怀罪疚。（毕竟，如果说是我们"创造"了我们的疾病，创造了关系中的困难又无法摆脱，那么我们不就失败了吗？）

　　对关系中的困难过度负责，这一倾向根植于自我的无力感，其中，一个健康的自我结构被一个坏的或不够好的存在体的认同取代了。将注意力放在缺点上，会强化我们被削弱的感觉，即使我们试图用"好"的存在体来弥补。是的，伴侣造成的困扰可能与我们自己有关。我们不喜欢他或她的某些地方，可能真的是"我们不喜欢自己"的投射，然而，假定所有的困扰都是我们内在的反映，这样做会阻止我们对伴侣坚持自己的立场。

当在灵性层面上对"我们创造了自己的疾病和不幸"这一信念进行美化时，对那些几乎不能控制的事件，我们就会产生一种"问题心态"。如果一个女孩被强奸，我们假定她"创造"了这个情境（比如称这是她的业力功课），因而她得为此负责，我们就是在为强奸辩护，即便不是故意的。我们可能会请她从"选择"被强奸中学习。在愚蠢问题排行榜中，这一问题位居榜首，紧裹着迟钝和空洞的形而上学外衣，令人毛骨悚然。如果有人正在虐待我们，我们认为这种情境是自己创造的，那我们就在以自我为中心的地狱里服刑，放弃了必要的立场。

我们能对这个世界施加重大影响，这是真的，但这并不意味着我们真的能让实相进入存在。对自身的行为负责并不等同于对"创造自己的实相"负责。这是一个棘手的领域，有时候我们能彻底改变环境，比如当致命的疾病奇迹般地消失时。然而，每一种情境中都有非常多的因素在起作用，有很多原因、原因的原因——多得惊人，永无止境——在进行复杂的相互作用。我们不能下结论说，我们，只有我们，创造了我们的实相。假设我们对一位癌症病人说，你要对你的病负责，因为是你创造了它，然后请他从"我让自己生病"中学习，那么我们不仅对其处境完全无知（有非常多的致癌因素，我们根本不可能对全部因素做出解释），而且在向他灌输一个有害的想法：他在某些地方搞砸了（不单是一些明显的因素，比如情绪健康和饮食），以至于患了癌症。我们忘记了有很多伟大的圣徒也曾患有癌症，不管他们的觉醒程度如何。

　　真正的负责是一种能力，既能认识到对发生之事应负责任的部分，也能恰到好处地在身体、心智、情绪、灵性、道德层面上回应，而不是简单地做出反应或者避开。这种负责不涉及羞愧和指责；这种负责会让我们敢与他人对抗，却不会让我们成为"自己是能动者和事情的起源"这一不恰当的假设（比如"我对一切负责"）的牺牲品。而且这种负责会让我们更稳定，让我们扎根于完整性和真正的慈悲之中。这一完整性和慈悲能让我们进入更深的生活，能更全然地居于肉身。经由努力，我们进入了这样一个领域：自我反省（self-reflection）不再是自我偏转（self-deflection）；我们不仅要为我们所做之事负责，而且要为"我们本质之所是"负责。

第十八章

灵 性 轻 信 和

灵 性 崇 拜

在当代文化中，半吊子的灵性知识供大于求，包裹在灵性长袍下的自我放纵，大量肤浅和带有迷惑性的事物伪装成真正的灵性，这使得辨别正当的、能起转化作用的灵性知识变得日益困难。我们这个追求即刻快感的社会特别容易受到"自我提升速效法"的感染，这一情形已经蔓延到了灵性领域。在这个领域，灵性家庭作坊和大公司都在蓬勃发展。

许多理性的人、有批判性思考能力的人，可能发现自己非常渴望能轻松地、奇迹般地摆脱苦难，避免面对未解决的旧伤带来的持续不断的疼痛。如果我们习惯质疑自己，或过于关注自身的短处和恐惧，就可能被那些灵性逃避中更有野心的卖主和企业家吸引。这些人浑身散发着自信和无惧的光芒，充满诱惑力地向那些脆弱的学生兜售其教义和真假莫辨的形而上学礼物。

当我们听说一位不那么靠谱的"专家"宣称自己是一位治疗师或法师时，如果我们不允许自己有合理的怀疑态度，就会抑制住内心的疑问，反而会随大流并赞同他的说法，特别是当社会上大多数人都这么做时。或者当我们听说某人宣称自己开悟了，也不会擦亮眼睛去辨别。毕竟，我们怎么知道他说的是不是真的呢？这些情形会持续下去，直到我们恢复了合理的怀疑，灵性和批评能力才能够健康地共处。

我们这些灵性轻信者混淆了怀疑主义和犬儒主义，我们相信，信任这个世界才是更理想的状态，因而我们可能无法运用辨别力去审查那些从我们身上捞油水的人，他们的收益和自我价值感完全依赖于我们的灵性轻信。辨别力的缺乏带来了糟糕的影响：当代灵性中脆弱和真诚的元素匆匆被拼凑在一起。

在灵性轻信中，我们混淆了爱和多愁善感、愤怒和攻击、慈悲和怜悯、仁慈和友好、智慧和聪明、接纳和过分容忍、感受性和被动性，因而在敞开时丧失了健康的界限，迷失了自己。我们无力，也不愿意对那些我们所认为的权威说一句实实在在的"不"，因而"是"里面的力量也被抽走了。然而，一旦这些灵性轻信者意识到他们的愚蠢，就可能走向另一个极端，将很大一部分非主流的灵性教师斥为江湖骗子。（天真的信徒和愤世嫉俗的否定论者是新时代"灵性盲目硬币"的两面。）

有时，在其他功能失调的灵性团体中，骗子和智者同时存在。这些团体的特点是充斥着大量狂热崇拜者。这些团体的领导者无论多么笨拙，其权威也很少被质疑。出现这种情形的大部分原因在于崇拜者们没有处理过其核心创伤和内在模式。有多少团体对师徒之间的移情进行过深度处理？人们经常交出（或者放弃）任何事物，将其交给"派发"（或者令人信服地承诺派发）一份稳定的归属感的组织。就像放弃界限的情人混淆了融合与亲密，直到分歧出现才猛然醒悟，不管他们看起来是多么温和，都倾向将其个体身份在群体思维中溶解，而没有保持健康的、个体性的辨别力。

在我们的文化中充斥着大量灵性轻信。通常，那些善于利用这一点的人很快就会拥有一批追随者和客户。无论他们卖什么，追随者或客户们都会毫不犹豫地掏腰包。这些产品倾向于强化这样的信念：他们是特殊之人，有着未开发的巨大力量等待被发现。灵性学说被商品化后，就会承诺让你在很短的时间里变得更具灵性。这就不难理解，这一领域为什么能够产生巨大的商业效益。在很大程度上，那些向灵性轻信者兜售自己的人并非骗子，因为他们通常相信自己，相信他们所做的事。他们甚至可能将其公然的操纵手法视作帮助他人疗愈的必要步骤。在未疗愈的创伤的驱使下，一些人会寻找速效法门，追随一位有力量的人物；另一些人的创伤驱动力会发生偏转，变成一位强有力的人物，仿佛伤口不存在。他们还会支持那些有着狂热，而非具有共享性特质的信徒，来进一步增强这种表面的免疫力。

我在此处使用"狂热"（cult）一词，并没有轻蔑和煽情的意味，而指的是一种封闭的独立存在。这一存在太执着于其核心信念，外在反馈和内部纠纷对它都没有影响。"狂热"可能是相对良性的，也可能极具摧毁力，比如人民圣殿教教徒在琼斯镇集体自杀，或者纳粹作恶。狂热行为的涉及面可能非常巨大：小我可能被视作"一个人的狂热"，很多的夫妻就是"两个人的狂热"，还有就是"多数人的狂热"。

狂热有着强烈的分离性：这是一个密闭的、自恋的"我们"，其他的存在都是相当遥远的"他们"。在狂热内部，无论有什么样的关爱存在，尽管可能相当深厚，但都是误导性的。这种关爱将其他生命隔绝在外，因而实际上会使人枯竭。最多崇拜者们会成为保护墙之内的事物，但迟早会变成守卫者而非守护人。如果异化、分离的痛苦感，或者隔阂感——常常驱使我们在团体中寻求归属感——未得到适当的处理，我们对连结的渴望不过是对异化感的逃离，我们依旧很容易受到各种各样能像父母一样提供庇护的，或者"我们知道答案"的组织和运动的吸引。

但有时那个给予过我们那么多必要支持的庇护所变得封闭或可鄙，这到底是为什么？我们会不会相信是自己的错误，相信一定是自己做了什么才感到躁动不安或窒息？反之，不管我们的抗议如何被令人信服地贴上"阻抗""自己的问题""仅仅是不成熟的反应"的标签，我们都会挑战这一庇护所的架构和基本设想吗？即使最受支持的团体也很容易成为一个封闭之网，让我们落入其期待，卷入其道德纠缠中。因而，各种狂热教派的兴起和大面积的流行要归功于灵性轻信者。

在消费者驱动型经济中，灵性轻信是一个大产业。我们渴望"它"快一点，不管这个"它"是什么，那些想做我们生意的人很了解这一点，然后大做广告。他们的生意依赖于我们的轻信——通常，这被称作"敞开"或"接受能力"。他们的承诺经常相当离谱，比如称"你可以显化你想要的"，这就是兜售积极思维的供应商们的卖点。我们不假思索地，甚至满怀热情地接受下来，这显示出我们被灌输了一种可理解的天真思想：只需很少一点麻烦和痛苦，就能拥有更好的明天。

灵性轻信的组成部分不仅有过于天真的开放，还有退化的渴望——渴望退回孩提时代前理性的魔法思维模式中。这并不会使我们天真烂漫，而只会让我们变得幼稚。我们不仅敞开了心扉和头脑，也不加选择地打开了钱包，同时还认为我们赚到了。然而若因此情形就怀疑或者反对灵性和形而上学也不是解决问题的办法。真正的解决办法是发展出敏锐的洞察力。这一洞察力并不会限制我们向世界敞开自己的能力，却可以让我们超越狂热崇拜的关系和社区，能够让我们获得很多，却不必出卖自己。

当灵性轻信遭遇一双辨识之眼，可能还有一剂猛烈的慈悲之时，其蛰伏的天真无邪就会转化为警觉的、永远新鲜的，以及原始的开放性，而这一开放性会让我们重新校准"我们的本质"。

第十九章

我 们 应 对 疾 病

负 责 吗 ？

　　我们应该为自己的疾病负责吗？这里面蕴含着太多因素，所以不能用简单的"应该"或"不应该"作答。有很多人不考虑其他致病的因素，而相信应该负责，而且是完全的负责。很多坚持这种信念的人，也会深信"我创造了我的实相，而且是经由自己的思考而创造的"。这丝毫不令人惊讶。对这些人来说，疾病被认为是某种思维障碍导致的，而负面思维就是罪魁祸首。

　　在这类正向思考的方式中，有一种夸张的乐观主义。这种乐观主义倾向于无情地对待不同的意见，将其解读为"负面的"。正向思考的概念先于新时代运动出现，但已经被灵性逃避的圈子不断地篡夺、滥用，变成"你要对自己负责"这种无情的评判心态。这种概念广为传播，人人适用，甚至施加于身患不治之症的人身上。经过新时代的传播，因为"意识福音书"（consciousness gospel）以及吸引力法则——类似《秘密》这样的书兜售的信条——的繁盛，"我创造了我的实相""只要我有足够强大的意志，我能够控制生活的各个面向"这样的理念变得越来越流行。"你可以拥有一切"这类概念不单有积极的一面，其阴暗面也不应该被小觑。这一概念制造出大量的信念，诸如我们应完全对自身的疾病负责，或者对任何发生在我们身上的事情负责，只因为我们——只是我们——"创造"了它。如果我们得了癌症或者其他病症，都是我们的错；要对其他所有的因素负责，不论是环境或是基因。这一想法是一种错觉。如果我们真的想康复，全然地相信我们会康复，我们当然会康复；如果我们没有康复，是因为我们不想康复。终究，我们创造了自己的实相，不是吗？如果我们病了，那么一定是我们自己做出的选择。

那些固执于这个信念系统的人一旦生了重病，就会发现自己进退维谷。他们相信是自己显化了疾病，因而他们得为此负全责，于是就产生了强有力的愧疚模式：如果我身患癌症，那么我一定做错了什么，否则我不会得癌症。遵循新时代的教条，意味着我们会被愧疚压垮，因为是我们自己创造了某些否定生命的非灵性的事物，比如癌症。

"我们创造了自己的实相"，按照字面理解这个信念常常会有某种夸张，会未加辨别地认为我们的希望、渴望和想象中有着某种无节制的或不可思议的力量。这一点我在"解剖魔法思维"那一章描述过了。对孩子来说，这种以自我为中心，过高估计个人的力量是非常自然的，但对成年人却不是。被这种信念困住的人，可能受到新时代那些著名心灵导师的影响，也可能是"我创造了自己的实相"这样的信念令他膨胀，但考虑到这些人目标如此遥不可及，所以毫无疑问他们一定会被这个信念摧毁。很不幸，"目标未实现"很少被用于批判性地检视这一信念——与创造实相有关的信念，反而因其"未实现"变成了自我羞辱的理由。

某些情况下，我们的行为会导致了疾病的发作，但这并不意味着我们真的"造成"了自己患病，而是说在行为、选择与疾病出现之间有着关联性。假如我吃了很多糖、不健康的脂肪和充满激素的牛羊肉，同时我又高度紧张、长时间坐着、失眠，那么我得癌症、心脏病或糖尿病的几率就增加了。那些饮食健康、生活规律的人也会生病，这一事实并不会使这种关联性失效。某种特定疾病的产生牵涉非常多的因素，有很多因素是我们无法控制的，我们不能断然下结论，认为疾病是我们自己造成的。

与此相反，有些人会说我们完全不用对任何疾病负责。

支持这种观点的人将癌症这样的疾病视作外来物种入侵，可以袭击任何人，不管这个人多么健康，多么年轻。这些人指出，我们环境中的致癌因素越来越多，这一现实情况无可逃避，健康的习惯只能起到部分改善作用。他们还指出，儿童患上癌症，这种情形的出现表明我们无法对癌症负责。毕竟，谁会因为这个孩子患病而指责他呢？然而，单纯地关注致癌的外在因素和生物因素，也偏离了方向，忽视了致癌的心理因素和情绪因素。

身患重病之后，即使我们明白是自己的一些行为促成了这一疾病，也不必为此自责，相反，应该满怀慈悲地认识到我们是如何做出这一选择的，这一选择又是如何影响自己的。这一认识将带我们进入更深的整体感。不是愧疚，而是向我们所处的情境更深地敞开，对此有更深的了解。认识到这一点很重要：我们习惯性地自我打击，以至于错失了与疾病、与我们自己发展出更亲密关系的机会。很多人称，患一场大病是一件好事，疾病会强迫你重新排列生活的优先秩序，会让你对生活满怀感恩。

一旦我们认识到自己的选择是如何影响疾病的，我们就能与疾病一起工作了，我们可以探索疾病的起源、疾病的构成，创造空间，让更多有助于生命的选择呈现出来。比如，2008年10月我被诊断为患有前列腺癌。我想起自己从上高中开始就拼死拼活，不计成败；是的，我也学着做深度冥想、放松，但是在大部分的人生中，我依然这么卖力。这是造成我患上前列腺癌的原因吗？不。是不是这一情形创造了条件，使我易于患上癌症？可能是这样的。我不再这么拼死拼活——这就是我所现在做的——意味着癌症会消失吗？不一定。但是，让压力变软，变缓和，越来越深入地这么做，会让我更能接受自己真实的需求，让我更有活力，更能以敞开的心扉面对死亡和生命，这些我凭直觉就知道。这样做能够增加癌症痊愈的几率，至少能大幅度减少癌细胞。痊愈几率足够高吗？我不知道。我还活着，我变得越来越有活力，这就够了。

我们做了能做的一切，但并没有痊愈，并不意味着我们失败了！因为我们已经尽力对致病的因素施加了影响。而认为努力发愿、做肯定练习、进行观想就能战胜疾病，只是单纯的魔法思维。是的，将广阔的觉知带入我们的模式之中，同时，坚信身体有能力自我疗愈，肯定会起作用，但是这个作用可能不够。与我们无法控制的事物共处是一种深刻的谦卑，是一项非常实际的工作。

我的癌症并不是我造成的，但我要对其中一些致病因素负起责任，不是心怀罪疚，而是负责。我不与癌症作战，而是与它对话。我倾听它，我不止在倾听，经由倾听我变得更深刻、警醒。我尽可能地对我的癌症负责，我尽可能地停止对抗它，让它不再妨碍我的生活，这样做我有一种清醒的快乐。我不是去指责癌症，而是借助某些善巧的助力，尽可能切断它的供应源。这样做会挽救我的生命吗？我不知道。但是我所做的不仅是在救我的命，而且在深化我的生命。出于各种各样的原因，我想活得更久，我强烈地感到，为了活下来我愿意尽可能地努力。但我知道结果可能并不如我所愿。与这种情形安逸共处，并不是宿命论，而是一种现实的态度，它让我与"死"与"不死"都有更深的亲密。

第二十章

当非二元教义

并非非二元

在最好的状态下，非二元性的教义能够让人们清晰地回忆起自己真正的身份，显示出"一切万有固有的不可分离"既不是一个概念，也不是一种经验，也不能靠努力获得，而是我们的本性。无分离性是无所不在的，对这一实相有多种叫法：一味、神、本性、自然或者尽善尽美。它永远都在当下，借由我们的幻梦发出熠熠的光彩。我们深陷于这一幻梦之中，且习惯性地为其提供燃料。

我们可以将非二元性设想为一个地方、一个阶段，或者一种成就，但它仅仅意味着我们已经具有的状态，既超越一切也包含一切。我们深陷于日常活动中，忘记了自己真实的本性，我们似乎身处别处，而实际上我们从未与它分离过。对这一根本性的真理，我们要做的并不仅仅是相信它——这会发生在灵性逃避中，而是充分地将它活出来。

在非二元性之中，没有与现象的疏离，没有对生活的逃避，没有捷径去寻找，没有对形式显化的回避。在非二元性之中，也没有与自我的真正分离，没有独立存在的知者，没有远离一切万有的自主实体，也没有看到一切万有的自主存在。在非二元性之中，没有过去，也没有将来，没有要去的地方，有的仅仅是一种自由，一种超越想象的自由。对于通常的自我来说，这似乎有点疯狂，但对真正的自我来说，并不疯狂。对我们的心智来说，非二元性毫无疑问是矛盾的；对我们的本心来说，这意味着活在真实之中。在非二元意识中，人格不再是自我的焦点，但仍被保留，为何是这样？如果我们真正回家了，回到了非二元性之中，那么人格，就像其他事物一样，仅仅是对非二元性存在的无拘束的表达。此时，人格并不需要被消除，而是被识别出来并接受。正如我们所看到的，灵性逃避对这一点置之不理。对非二元意识来说，万事万物都是神——愤怒、喜悦、二元性、人格、阴影、惊奇、恐惧。有的仅仅是真实、至一、神秘，令任何描述它的语言相形见绌。如果我们认出了它，我们就无须抛弃人性，无须使用非二元性的教义来阻隔生活中的困难挑战，无须避开对关系的需要。

　　从真正非二元的角度来看，如果恐惧升起或者任何不受欢迎的状态出现了，都不是问题。在非二元性中，要转化的并不是恐惧，而是我们对待恐惧的二元性态度。

　　然而，这种教诲被误解和扭曲，用于灵性逃避之中。尤其是只采用非二元性的概念，而不是真正以它为本的观点所产生的问题特别严重。如果那些传授非二元性的老师陷入灵性逃避，那么在他脸上一闪而过的平静的微笑中，可能隐藏着一些个人化的、明显是二元性的东西。这些都是不被允许存在的，它们可能在寻求表达，比如执着、愤怒或以自我为中心。

我们很容易用非二元性的教义来与人性保持距离，并且美化这种疏离，以便执着于这种疏离。甚至当我们剔其精华，满足肤浅的理解之时，可能还认为是在遵从非二元性教义。当心灵导师用非二元性来合法化我们的逃避行为，绕开我们的个人性和"故事"时——这么做我们的自我感会增强，这种扭曲就会被强化。我们被假定没有牙齿，不会咀嚼，不需要吃"未煮过"的真理，我们应该戴上灵性的围嘴，来吃一勺非二元性的麦片粥。

那野性的、原始的、充分活化的灵性哪里去了呢？对饥饿的寻求者来说，难道这样的灵性必须被关进笼子，被麻醉，被均质化（homogenized），被削减为道德高尚的理想主义吗？我们一定要做一个警惕的动物园管理员，或者为灵性的躁动提供安定药剂吗？我们一定要去个人化和去人性化吗？在拥抱非二元性哲学的剧痛中，我们很可能执着于概念幻象，羞于活在相对的、充分显化的生活中，而在"灵性正确"的圣所中坐牢服刑。在这个意义上说概念形式是幻象，那么其实我们也是幻象（至少当我们"正常"地对待自己时），但与此同时，我们也拥有很多生活、学习和发展的机会。"一切皆幻象"是一种逃避，是将二手真理的碎片乱扔一地，是对灵性开悟过早的宣称。我们需要识别出事物的幻象层面——无论在我们面前的是什么，我们需要超越对"世界不过是幻象"这一概念的鹦鹉学舌。直接的学习是无可替代的。

为了看穿形式的表象，充分地体验——而不是概念化——它本质的空，我们需要与形式的世界建立真正的亲密关系，抵御住逃避或者排斥肉身化的诱惑。从非二元性的宣言中想出一番大道理，并不会创造出真正的智慧！我们最好摆脱头脑和思考，开始真正的活着、真正地去爱，而不是继续追逐无条件的爱、开悟以及其他理念。我们最好深刻地显化与活出我们独一无二的特色，而不是继续马不停蹄地寻求内在的不可分离性与合一。为什么识别出我们内在固有的、存在的一体性，会让我们与差异性割裂开来呢？

我们很容易在头脑中"挪用"非二元性的教义，用它来判断或者合理化某些行为，比如不尊重自己或他人的界限。这是一种可怕的滑坡效应，是充斥于头脑和灵性中的天真，以及反刍过的非二元性教义的碎屑！真正识别出实相的非二元本质，并不会让我们避开日常生活中二元对立的世界，而是更适应这个世界，对它更敏感，甚至更理智地、更熟练地回应它，与一切的发生都亲密熟悉。

用灵性逃避的方式来接近非二元性，会像后现代艺术研究一样，掉入同一个陷阱。后现代艺术研究往往更多的是关注艺术的超理智化，而非艺术本身。很多宣称传授非二元性灵性的人，可能用非二元性的双关语来掩盖其行迹，但不管这些术语听起来有多动人，他们与真正的二元显化是分离的。他们拒绝这个显化，拒绝个人性的、有特性的、阴影的元素，当然也拒绝顽固不化的自我，这令他们和其追随者将视线锁定在美好的、陈旧的二元论上，执着于非二元性的理念或典范。

宣称安住在非二元性的觉知中，这种现象在现代灵性里泛滥成灾。考虑到我们像奴隶般地致力于迅速见效，热衷于高级的、灵性的玩意儿，在这样的文化中泥足深陷，因而有必要问一下：他们是怎么做到这一点的？在我们试着创造大量觉醒的时刻时，不过是在制造和加强更多的自我感——而我们正如此渴望超越这个自我感。

你已经完全觉醒，你是非二元对立的存在，你只是忘记了你的本性，这些疗愈教义可能会抚慰我们，但是在大多数情况下，会让我们从真正要做的工作中分心。我们真正需要做的包括面对我们的恐惧、攻击性、贪婪、羞耻等，并对其做工作。我们误用了自身，或者说背离了自己。伪非二元性的教义的核心阴影在于未被认出的二元性，其特征是对深度心理治疗工作的极度嫌恶，不承认我们需要做这项工作。

拉马那·马哈希（Ramana Maharshi），这位举世公认的非二元性的圣人也依据二元性的观点来谈话、行事，他这么做仅仅因为他只能这么做。同样重要的是，他并不寻求免于应对艰难的生活，也不热衷于在语言和理论上显摆自己聪明。实际上，他彻头彻尾是实用的。借由真正地活着，进入到生活的混乱之中，包括觉醒的领域，以及对神经症和逃避——最广为人知的是亲密关系——进行彻底的曝光，我们学会彻底的诚实，了解到整体性。这对正确理解非二元性的本质非常必要。

非二元的教义指出，追寻我们从未失去的东西是徒劳无益的。通常，这种说法没有提及这一点：只有在你真正追寻之时，你才能体验到追寻是徒劳的。因而，灵修者要是相信这些教义，就会在"无人区"搁浅。这些人可能走在其发展水平的前面，认为自己已经实现了超越，实际上他们不过是在理智上跳过了这一步。这就是伟大的佛教大师龙树指出的"空"的陷阱。同样的，我们应该跳进去，搞得脏兮兮，去执着，去受伤，去投入，去充分地参与。此时此刻我们作为人类出现，那么我们真正地去过人类的生活吧！当我们真正地投入生活，就能认识到我们的完整，认识到我们与"一切所是"的关系。

那些热衷于笨嘴拙舌地传达非二元性教义的人，可能会说"没有什么要做的"，因为"并没有要做什么的人"。这种情形可能创造出一种哲学性的终极伪装，用以冒充灵性智慧。然而，真正无为的圣人的表现是完全不同的，不会像我们这些人这样用二元论来理解无为的。在本章结束之时，我要向那些真正非二元的导师深鞠一躬。他们持久的临在和爱超越了我的言语；在他们的智慧之中，我的自大消失不见，仅剩下"真正重要的"，无论其形式为何。

第 二 十 一 章

不 再 为 阴 影

感 到 羞 耻

在心理治疗和灵性修习中，羞耻常常是激起我们侵犯性和灵性野心的原初情绪力量，可能是最负面也是最易被忽视的情绪。在灵性逃避中，针对羞耻的态度与世俗文化中的情形相互映衬。对大多数人来说，羞耻就是一个地狱，是一种深深烙下的、强制性的、有缺陷的感觉。羞耻很可能是我们对最讨厌的事物产生的情绪。在著名的关于"你最害怕什么"的调查问卷中，"死亡"只排在第三位或第四位，排在第一位的是"在众人面前说话时出洋相"。对"出洋相"的恐惧，对被羞辱的恐惧，总是有意无意地伴随着我们。被暴露的恐惧在我们的梦中出没：在某个重要事件中，我们忽然一丝不挂，衣服不知道哪里去了。

而且无论是故意而为还是不知不觉，我们越是想避开羞耻的感觉，我们就越会让羞耻持续下去。如果在我公开表达愤怒或者批判时，你恰好陷入了灵性逃避之中，你就可能羞辱我，不过可能是采用迂回或巧妙的方式。当你发现我没有为你自己的判断负起责任，你就认为我这么做是有罪的。

如果我们陷入灵性逃避之中，就不会承认我们会羞辱他人。因为我们太有爱了，太能接纳他人了，我们好得要死，所以根本不会这么做！然而不管怎样，我们仍旧会这么做，话语中暗含讥诮："我这么做对你缺少慈悲，我任由你处置。"这些听起来很高贵的话语会被我们潜在的动机玷污。当我们公然羞辱他人时，通常都不会承认；最多我们会说："如果我的话听起来没心没肺，我向你道歉。"或者说："我要为我的失言负责。"或者说："我仍然在学习如何清晰地表达。"我们不愿意承认，我们在羞辱那些达不到我们标准的人——无论是身体、情绪、心智、灵性的标准还是社会的标准。在灵性逃避中，我们会用忏悔来证明我们并未羞辱他人。

羞耻的力量强大到能够持续改变我们的经验。羞耻能让喜悦转眼间变成尴尬和迷惑，此时我们没有能力顾及自己，也不能在僵局中叫停。在健康的羞耻中，我们并没有被贬低，而是将我们的行为置于挑剔的眼光之下。但是在不健康的羞耻中，我们就不会如此清醒，我们感到被压碎且没有价值。最有害的羞耻会将我们碾碎，让我们感到自己消失于无形，甚至杀死了自己，这就是屈辱。

不管怎样，缺少了羞耻心，我们就会缺少良心。在健康的羞耻中，我们的良心被明白无误地、强有力地激活，因为我们可以弥补我们的过错。但在不健康的羞耻中，良心被无情的内在批评越俎代庖，在它面前，我们缩成一个无能为力的小人儿。健康的羞耻并不会持续地压缩我们，而是能够打开我们的心结；经由对已经发生的事情感到懊悔，有意识地负起责任，我们变得富足，内心充盈着不舒服的，但从根本上来说是富有生命力的激情。我们有着强有力的、根深蒂固的冲动去敞开、放手、疗愈——这些都是痛苦的，却能带来真正的成长。

健康的羞耻提供富饶的土壤，帮助我们重新与内在的父母权威连结。比如，我们由于另一半缺乏灵性意识而贬低他或她，如果能坦然地感受我们在贬低另一半时所产生的羞愧，就能承担起责任，也能让我们处理做出如此伤人行为的意愿。这种羞愧能催生真诚的宽恕，也给了我们一个敞开的机会，帮助我们找到真正与他人连结的方法。但是，不健康的羞耻是不利于宽恕的，它让我们感到机能失调——笨拙、失语、不成熟或者失去连结。我们因而变得无能为力，很容易感到被他人羞辱，即便在灵修圈里也是这样。在那里，我们忙于自我打击，附和那些对我们并没有什么好处的练习。

羞辱别人通常并不困难。我们要做的就是激怒他人"内在的批评家"（这是内在无情的评判声音，我们中的大部分人不会质疑它，就像孩子不会质疑父母的权威），对准他人已经意识到的不足或丑陋之处，或者指出他们的失败——这些失败仍旧让他们寝食难安。为什么我们会有意无意地这么做？因为在羞辱他人的时候，我们将压力从自身移开，或者投射到他人身上，这样我们就能保持冷静。无论在世俗社会还是灵修圈，都会发生这种事。当我们陷入灵性逃避，羞辱那些"不达标"（我们的标准）的人时，我们可能争辩说，我们并没有羞辱他们，如果他们感到被羞辱，那是他们自己的问题，因为他们不够爱自己。诸如此类。

如果我们羞辱他人让他们难堪，他们可能忙于逃离这个困境，没有精力关注到我们的短处或错误。我们成功地做到这一点之后，就能摘除自己的责任，扮演起慈悲的、公正的观察家，说的话完全是出于最高的善。（在这里，我不是在谈论在何种情况下我们应该感到羞耻，我讲的是那种削弱我们的羞耻，我们被内在批评家的皮靴压碎时的感觉）。

当我们感到羞耻时，通常会迅速地——也是自动地——

将之转换或者包装成另一种状态或感觉，比如侵犯（无论这种侵犯是针对他人的还是针对自己的）、撤退、逃避和疏离。因此，举例来说，在某一个特定的情境中侵犯的感觉出现时，实际上是第二个升起的感觉，它模糊化了已经出现的羞耻。如果我们不是太了解自身的羞耻，不太了解它的转换形式，那么我们就不能帮到那些无法与自身的羞耻亲密的人。尽管羞耻并不是害怕，但我们却害怕它。我们可能将恐惧混进羞耻之中，因此升起愧疚；或者将其隐藏在幕后，任由其他情绪占据舞台中央。在任何情况下，我们都会逃避羞耻，而不是简单地承认它的存在，和它在一起并与之亲密。我们最好了解一下羞耻，越了解它就越能让它为我们所用。

和羞耻亲密可不是一件容易的事儿，设想我们的缺陷曝光于观众挑剔的目光下，被当众炙烤的感觉，就可以理解这一点了。我们想尽快逃离这样的场景，这并不令人惊讶。然而，如果与我们的羞耻共处，挖掘其中的"宝藏"，就会发现其间蕴含着疗愈以及深度整合的力量。不像恐惧和愤怒——总是促使我们行动，羞耻干扰我们，制造出某种心理情绪上的紧缩和崩溃，这一收缩和崩溃足以阻止我们前进的步伐。用精神病学家的通俗说法就是："收缩"可能起源于羞耻，伴随着自我紧缩。很多人寻求精神治疗时，都会感到这种"收缩"，因为大部分的病人被置于诊断镜之下，被当作在某些方面有缺陷的人。鉴于羞耻对我们的巨大影响，如果我们信奉扩张性的灵性理想的话，那么这一点就丝毫不令人惊讶：羞耻的感觉令人极端厌恶，因而我们会通过羞辱他人，来与之保持一个舒适的距离。当然，我们会否认这一点。

无疑，并非所有感到羞耻的人都会做出羞辱他人的举动；大部分人会发展出一系列避免感受羞耻的做法。我们越是把自己当作有缺陷的人，我们就越有动力去寻求某些补偿性的解决方法：自恋、攻击、取悦他人、回避、抑制、疏离，或者沉迷于性。我们做了那么多不过是为了避免感到羞耻。我们对羞耻感到太羞耻！

当我们避免感到羞耻时，我们就认识不到羞耻至关重要的功能。如果我们没有感到羞耻的能力，那我们也就不会有良心。羞耻的道德中心——我在这里说的是健康的羞耻——是责任感。换句话说，罪疚——不健康的羞耻，或者说被恐惧污染了的羞耻，其道德的中心是指责。罪疚经常化装成良心出现（我们内在的批判和超我所做的），但是健康的羞耻唤醒，或者说重新唤醒我们的良心。良心可以被定义为我们内在的道德感，活跃地回应着世界。借由共情和对羞耻的了解（不是被羞耻支配），借由沉思，我们可以培育良心。

罪疚让我们渺小，让我们卡在某个地方不能动弹，让我们分裂。我们身上幼稚的部分紧抓住糖果不放，我们内在的权威像父母一样挥舞着鞭子，惩罚我们的越界行为。因而，我们也被默许再一次做出"坏"的举动，只要我们接受被惩罚的后果。羞耻暴露我们，罪疚分裂我们。罪疚不仅仅是对爱的拒斥，也是对好的内在父母的拒斥。在其核心，是胶着的父母—孩子的关系，阻碍着我们的成长。在罪疚之中，我们孩子气地依附于我们内化了的外在父母的力量，对后者做出幼稚的反应。相比之下，健康的羞耻会提供充分的支持，帮助我们重新与自然的父母权威连结，推动我们承担起必要的责任，去好好照顾我们的内在小孩。罪疚让我们陷入泥沼，健康的羞耻却让我们自由。

羞耻往往痛苦地浸满了"自觉意识"（self-consciousness）。"自觉意识"是一个错误的叫法，因为当我们是"自觉的"（self-conscious）时候，我们并没有意识到自身，我们关心的是别人怎样看我们。对我们的自觉意识有意识——也就是说，当我们被羞耻感抓住时，自觉意识不仅是我们注意力的主体，还要允许它成为客体，这可以让我们至少以某种程度的超然态度来检视羞耻。

当然，更好的做法是将羞耻带入我们的心中，让它的能量流经我们；给予它慈悲而明晰的空间，允许它说话，即便它带来的信息是阴暗的、丑陋的。当然，如果我们不承认我们心怀羞耻，那么疗愈就不会真正开始。如果我们深陷灵性逃避，我们就没有办法去承认，因为承认羞耻会让我们丧失对"灵性专家"的认同，至少会失去我们珍爱的幻觉——我们相信自己在修行的道路上已经走得很远了。我们试着将羞愧藏起来，不让它暴露在"光天化日"之下，但是它还是会跑出来，出现在我们的思想、言语和行动中。

羞耻如果未被承认、充分感受、分享和处理，它就会在人际关系中冒出来，污染关系。因而，了解我们过去是怎样感到羞耻的就是至关重要的。这样，当羞耻升起时，我们就能识别出来。我们都曾感到羞耻，很可能现在我们仍携带着它；我们的工作并不是逃离羞耻，既不是赶走它，也不是任由它削弱我们，而是敞开来面对它、处理它。

当我们第一次认识到羞耻在我们生活中所扮演的角色时，大部分人会非常震惊于羞耻无处不在，以及对我们非常深的削弱，这给我们带来极大影响。这就好像我们在自身中发现了一块新大陆。起初它被浓雾遮盖，然后通过我们的探索将它带到了阳光下。把羞耻带离阴影是一个深层疗愈工作，是我们或早或晚必须开始的旅程——只要我们渴望真正地活着。起初，我们可能不太能意识到羞耻对我们生活的影响力究竟有多大。为了尽可能地远离很久以前遭遇的失败，远离那些令我们被贬低、被轻视、被羞辱的失败，我们可能做得过了头。我们仅仅将骄傲转变为羞耻，这样我们垂头丧气的时候就会变得情绪高涨。此时，我们不仅非常容易被人羞辱，而且也倾向于羞辱他人。这些羞辱可能是大声的、进攻性的，也可能是隐微的，比如，仅仅是迅速地、不易察觉地转动了一下双眼，或者是微笑中藏有一丝傲慢。

实际上，我们能做到尽量不去羞辱他人，因为我们能清楚地看到、感觉到这样做的后果。因而，我们不再下功夫去贬低他人，也没有动力去控制他人、凌驾于他人之上。到了这个阶段，我们对羞耻的构造和工作原理就不再陌生了，我们很了解健康和不健康的羞耻之间的差别。我们不再任由羞耻具有进攻性的，或者在关系中制造疏离。当我们感到羞耻时，我们敞开来迅速地承认这一点。当我们想逃离羞耻时，我们负责任地待在那里，但并不因为我们的逃离冲动而打击自己。也就是说，我们不允许羞耻转变为罪疚。

这些都不意味着羞耻不存在了，而是意味着羞耻摆脱了它不健康的形式。除此之外，我们还可以去除灵性逃避的倾向。我们不再有太多的兴趣去逃离那些困扰我们的部分，相反，我们愿意去亲近它们。

不要低估羞耻的隐微程度。我们来看一个常见的羞耻情境：当我们的能力遭到质疑时。想象一下，我们在某个领域技艺精湛，却被一些伪善之人质疑。尽管并没有证据显示我们不胜任，但我们还是感到羞耻。不管羞耻有多么微妙和轻微，我们都能感觉到。我们可能谴责自己过分敏感，谴责自己会去想象自己被贬低，尤其是那些质疑我们的人是我们尊敬的人，他们坚持并没有贬低我们时。

羞耻无孔不入。伴随着"有毒的放松"（poisonous ease），羞耻一次次地蔓延全身。我们不仅会为了不足之处而羞耻，还会因为不承认我们的不足而羞耻，即便我们清楚地知道我们并不存在不足之处。我们因为未表现出羞愧而羞愧，因为活着而羞愧，因为对事情太在意而羞愧，因为自己有很深的感受而羞愧。当我们允许自己感到羞愧，我们就会感到力量被剥夺，感到对那些羞辱者所讲的话无能为力。

再说一遍，那些折磨我们的"内在批评家"，很可能乔装打扮成健康的批评信息的信使，但是它只不过是一位披着道德长袍的发言人，高声讲着无爱的、无情的、自我贬低的话语。假如我们经由这位内在批判家的眼光来审视自己和他人，我们看到的一切都是有缺陷的、不完美的，都需要被纠正。一定要记住，健康的批评并不会让你感到羞耻，它不会谴责你、轻视你。成熟的灵性练习需要我们积极地运用洞察力，对我们内在的"批评家"的评判倾向始终保持警惕。当我们学会连结内在的"批评家"，而不是逃开，我们就能消解它加诸在我们身上的力量。然后我们就可以坚定地对内在"批评家"说："你，不是我！"然后看穿它的"羞耻伎俩"。

　　一旦我们变得成熟起来，我们就会放下对羞耻的防御，我们会有勇气停驻在这个痛苦的火焰中，而不是任由它转变为进攻性或分离性。借由与羞耻亲密，也与我们的逃避倾向亲密，我们就会认识到，真正的自由不是从困境中逃开，而是进入到困境中并穿越它。我们可能会带着几道伤疤浮出水面，甚至少了一层皮，但我们不再对我们那些不光彩的品性避之不及。这就是对我们自己猛烈的、无条件的爱，在这个爱里面，洋溢着灵性的勇气，这个勇气对我们所有人都有用。

第二十二章

灵 性 蜜 月

结 束 之 后

当我们与灵性的蜜月期结束之后，当我们对"灵性正确""灵性时髦"的渴望退去之后，灵性逃避就不那么吸引我们了。在短时间内，我们会重新陷入幻灭之中，这并不好受，却是必需的。这会让我们的视野更清晰："灵性"的魅惑力丧失了，不那么灵性的动机和由此得到的报偿也被剥去了。在灵性逃避和灵性正确之后，才是真正灵性生活的开始。没有烟花、没有掌声，也不需要告诉我们自己要成为一个灵性的人。没有夸张的自大，没有伪装的谦卑。那些所谓的非灵性的意愿也不会被自动屏蔽掉，或者被绕开。对全然觉醒的渴望依旧存在，但不再有野心，也不会像往常那样死命追求。我们曾经急切地想达到理想的目标，如今我们不再那样努力争取，我们已经决定了要一直坚持下去，旅途就是我们的老师。

那我们要对灵性逃避做什么呢？首先，学习识别它、给它命名。与它保持足够远的距离，以便清晰地看到它；与它足够地亲近，以便感受它的形貌。过一阵子，我们会对灵性逃避内在的动力体系越来越熟悉，这会帮助我们了解我们在逃避什么，以及为什么逃避。当这样的智慧增长之后，我们就不再那么剑拔弩张了。我们不再与自身的劣势交战，相反，我们将它们带至心中。我们不再想着除掉某些讨厌的自我部分，相反，我们与所有的"我们所是"发展出很好的关系。亲密，而非超越，成为我们的道途。

大部分的书都不见了。唯一留下的一本是我们的老朋友，我们不知疲倦地重读它，即便每个月只读一两页。大部分的练习都不做了，唯一保留的就是我们自然而然去做的，就像我们自然地穿上最喜欢的牛仔裤和 T 恤，即便它已经破旧却依然很舒服。大部分想变得灵性的愿望也消失了，唯一想做的就是自然地呼吸，开始很好、停歇的时候也很好，结束也很好。

对做"非灵性"的事情的愧疚不见了，取而代之的是仁慈而坚定的照管，将之带入更宽广，更明智的视野之中。如果仍有一些议题在阴影之中，我们走近它，而不是赶跑它；我们的武器不再是卷土重来的宣传单和口号，而是慈悲，既温柔又严厉的慈悲。无论是采用哪一种慈悲，都不是因为东风压倒了西风，西风压倒了东风，而是出于真正的需要。对于我们潜在的一体性而言，温柔和严厉都是我们不同的面向，我们允许自己根据与生俱来的整体感做出选择。

有意识地和真实结为同盟不再是我们的目标，而成了我们的基础。我们对可能性的关注，让步于对当下的专注；我们对未来的希望被清晰的信念、对生命坚定的信任以及对生命隐藏的神秘的信任替代，我们的"小我性"（egoity）不会像我们陷入灵性逃避时那样碍事；我们不会介意小我在演什么，至多我们会在意，在这个旅程中，它给我们提供了什么样的风景和戏剧事件。我们不会想要根除小我，就像天空不会想着根除乌云。这就是我们要做的工作，我们已经做好准备前行；可能我们迈的步伐很小，但是我们在往前走，而且感激自己能这么做。不管我们获得了多少知识，我们会对奥秘敞开，我们推崇启示的价值而不是令人兴奋的解释。我们在灵性上越来越开放，我们的个性更加深化，也更加鲜明。

这样的行为，这样的灵性深入，标志着自由的开始，标志着我们从惯性的"自我"及其模式中解脱出来。我们"自我"的感觉从以"我"为中心转变为"我们"为中心。因为我们越来越有存在的中心感，越来越能清晰地活出自己的个人性，我们不再和感觉分离。真正的个人性和一切万有交融在一起，不断变化，这就构成了"我们"，包括我们的灵性面向；由此，我们既可以尽力展现独特的个性，也能对一切超越个人性的事物保持开放。在灵性逃避之中，我们混淆了表面和深层。一旦我们超越了灵性逃避，就不会再混淆了。无论我们是上升还是下降，收缩还是扩张，向内还是向外，我们都不会长时间地与存在的核心失去接触。当我们允许一切事物（是的，一切事物！）来唤醒我们，让我们知道"我们是谁"，那么"我们不是谁"就变得很清楚，尽管自我的感觉来来去去。

即便我们超越了灵性逃避，也要记住这一点，这很重要：几乎所有人都陷入过灵性逃避，这一倾向存在于每个人身上。我们可以这样说，灵性逃避使我们疏远了那些本需要我们接纳的真实本性，因而灵性逃避是反灵修的。我们的工作不是逃避灵性逃避；我们必须给予恐惧和痛苦——正是它们催生了逃避——足够的空间，既让它们存在，也要超越它们，这样它们的能量就能更多地为生命服务。

结束灵性逃避之后，生命进入了学习"什么是真正重要的"的阶段。每一种情景都是课程实践的一部分，都给了我们同样重要的机会促使我们深入觉醒，特别是当我们将经验从必须让自己感觉更好和更安全的强制性中释放出来时。这么做的时候，我们的心智就能平静下来，扎根于身体之中；我们就能打开自己，知道我们生下来要做什么，我们要成为什么人。

灵性逃避值得去超越。我们最该做的不是逃避痛苦，而是深入到痛苦之中。这意味着终结空洞的生活，终结对疏离的灵性化，终结情绪上的无知和不成熟。一旦我们与所有的"我们所是"培育起亲密关系，一旦我们完全地觉醒，就会乐意将黑暗的面向带到阳光中来。从这一新发现的开放性中，我们获得了新生，携带着辛勤劳作的礼物：造福自己和众生的那份亲身经历的智慧。

真正灵性生活的机会在整个一生中都存在。它是持续的死亡，然后进入到更深的生命之中。从灰烬中重生没有什么关系，这就是生命运行的方式。此时，一万年的悲伤和一万年的欢乐交融成一首前所未有的歌，我们就是它无穷无尽的音符，也是不间断的音乐；此时，瞬间就是永恒。

附录一

无方法之方法

直觉整合心理疗法提示

提示：尽管下面的内容首先是写给执业心理治疗师的，但对那些正在进行心理治疗，或者考虑进行心理治疗的人，或者对心理治疗感兴趣的人，也是适用的，尤其是那些还在进行灵性修习的人。

要真正考量一种心理治疗方法或练习，不仅要考虑它是如何对客户发生作用的，还要考虑作为心理治疗师的我们是如何运用它们的。我们应该在何种程度上运用这些方法？我们对它们有多依赖，我们让客户来适应一个特定的模型，而不是让模型来适应客户？我们是如何被这些方法困住，或者如何合理化这种困境和停滞的？是我们在使用方法，还是方法在使用我们？

设想我们坐在客户面前，脑子里没有任何方法，也不打算采用任何特定的方法，会发生什么事情？当我们不知道如何处置客户时，我们该怎么做？我们应该墨守成规，采用一套老旧的方法，还是富于变化，更有接受性？这些问题并不一定是在我们的头脑里嗡嗡乱飞的"心智蚊群"，相反，我们可以以此为切入点，更深入地考量心理治疗方法，以及我们对它们的运用程度如何。

举个例子。让我们简略地看一下"句子完成"练习，侧重点在于其固有的指令性上。这类治疗有一种"禁忌"，即不能直接对客户发号施令。是的，请客户完成句子是指令性的，但是我尽可能地根据他们的回应来决定我接下来该做什么（这样做可以鼓励他们的自发性）；我与他们协调，了解其过往，对他们说的话、怎么说出来的做出直觉性的回应，请他们完成其他"句子完成"练习；请他们详细描述他们此刻体验到了什么；帮助他们带着更多的觉知去呼吸；做某种身体工作，或者指引他们进入情绪之中或深度的冥想之中。

在这类情形中，无论我采取什么形式，我的工作都不是简单地运用一套方法，而是生动地、创造性地、带着关爱地、尽可能有力地回应客户，做好准备在任何时候改变做法（这里指的是我有意愿，也能够终止"句子完成练习"，迅速地采用其他更合适的方法）。因此，实际上我是指导者。

此外，这意味着，我们不仅要听说出来的话，还要听没有说出来的话，不仅要听从嘴巴说出来的话，还要听身体和情绪在讲什么。这种倾听压根就不是被动的！需要我们与客户产生深度共鸣，这样我们才能敞开，才能深切地注意到他们是如何变化的，如何表达的。有了这样富有活力的接受性，我们就能清晰地听到直觉的声音，这一声音不会因为我们对客户的关注而减弱。如果不能清晰而持续地进入直觉之中，对任何方法我们都很难妥善巧妙地使用，也可能会过多地依赖它。在我的工作方法中，在我培养心理治疗师的过程中，直觉——而不是方法论——居于核心地位。

下指令并不是问题，因为一个好的心理治疗师必须是指导性的，即便在小心地创造一个空间，安静地倾听客户一段很长的独白时也是这样。问题在于我们要怎样下指令；怎样与客户谐调，以便回应他；我们应该做什么或不做什么。我们是根据客户的需求和能量状态来行事，还是很隐微地受自己的需要——视自己为能干的治疗师——的指引？还是被我们对某种方法论的忠诚牵着鼻子走？我们是否过多地指导，或者指导得不够？

我们面对的不仅是客户现在的处境，还要处理他们的过去（实际上，这恰恰就是当下）。工作之时，我们需要将这些全部带入意识中，不仅要把过去和现在连结起来，还要让工作的方向切实可行，最大程度地达到疗愈效果。

我们越是能够摆脱固有的工作方法，越能满怀慈悲地保持临在，就越能更好地满足客户的真实需求，而无须顾虑要下多少指令。如果客户倾向于将我们当成心理治疗师迎合我们，我们需要尽可能识别出这一点，揭露其根源，然后有效地对其进行工作。

当客户发现他面前的心理治疗师不仅是慈悲的、接地气的、技巧高超的，而且当他试图掌控谈话时，心理治疗师能够帮助他表达出内在权威感，他就会感到安全。毫无疑问，这里关系到领导力，但是我们可能应该，或者需要把客户摆在首位。他们需要知道（不仅仅是在头脑层面），在任何时候我们都有能力，也能怀着慈悲掌控全局，能够为他们的自我探索和疗愈持续构建一个安全的环境。于是，当我们按照客户的行为和需要行事时，其实我们是在巧妙地、富有爱心地、可靠地构建治疗的流程。

有时，我们可能会感觉到，自己不过是一个让事情得以发生的手段，但是即便如此，我们仍然需要做一个负责任的"灵媒"。我们的工作是轻松而坚定地运用权威，保持稳定而活泼的临在，为客户提供一个能够释放的安全空间——既不是依赖性的，也不是强迫性的，而是让一切从我们与客户的互动中自然而然地发生。

过分地掌控可能有害，但是掌控不足同样有害。无论我们多么温和与平静地运用权威——根据心理治疗师、催化师（facilitator）、指导者、辅导老师，或者教师所处的位置产生的，权威始终是权威。尽可能地充满关爱并熟练地表现它，就是我们的工作，这是一项创造性的挑战，也是我们神圣的责任。在谈话中我们能够给予客户最好的指导就是让他们被自己真实的需求指引，以及依据这一需求行事。

一旦我们学会不依赖某套体系，或者不必一定要运用某套体系，而是让一切自然而然地在关系互动中发生，我们就不再从某套体系或方法论中寻求安全感，而是敞开心扉，做出创造性的回应。当我们用直觉性的心理整合艺术进行工作时，这种创造性会让我们保持活泼、敞开和警觉。

这个艺术的核心在于我们与客户的关系。下面的因素可以帮助我们构建这一关系。

治疗师临在的品质

要想保持充分的临在需要做很多事情。既要考虑到细节，又要考虑事情的来龙去脉；要培育一种专注力，这种专注是既超然又富有爱心的，既宏观又精微的，既放松又警觉的；发展并保持关系的和谐；培养清明的共情性（既有足够的距离，以便清晰地观察，又有足够亲密，以便收集数据——用别的方式无法获得）；要能够富有同情心地掌控全局，要非常专业（并不意味着故意保持距离，而是要记住和尊重这个事实：我们面前的客户怀着特殊的目的而来，应该从我们这里得到最好的东西，不管我们的心境和状态如何）。

客户允许治疗师干预

正常情况下，在心理治疗之初，治疗师会获得某种程度的允许。要想让心理治疗产生效果，这种允许的深入和维持是必要的，但不能强迫客户。这并不意味着心理治疗师是被动的，而是要求治疗师能巧妙地穿越信任和非信任地带，创造出持续安全的治疗环境。

客户有意愿做需要做的事情

通常，客户既希望移除阻碍其幸福的障碍物，又抵制这么做。每一个冲动都必须被考虑，被尊重。为阻抗贴标签，只会产生更多的阻抗。当我们和客户都能够满怀慈悲地观察这一阻抗，疗愈就会加速。当客户尽力对这一工作负起责任，以及被允许负起责任，此时客户对我们的依赖就不是问题。他们会感到与我们站在一个阵营里，而不仅是听从我们的命令。

把注意力放在客户身上

这并不意味着与自己失去连结。对客户保持专注需要我们留意自身，并保持充分的临在。

深度对话

不管我们与客户之间的谈话看起来多么肤浅和琐碎，都给了我们一次又一次的机会，让我们进入问题的核心。任何谈话内容都可能成为进入更深内在的大门。客户可能修饰任何所说的内容，不管这种添加有多隐微。他们被邀请来揭露通常他们隐瞒的心理内容，他们需要知道，治疗师出于客户的利益，正密切关注着他们所说的，以及他们未说出来的。心理治疗师—客户的对话或者相遇，提供了一个疗愈的忏悔室、一道进入内心深处的大门、一次变得更有意识的机会、一个互相尊重的舞台、一个探索的密室。

在直觉心理整合治疗中，与临在、关爱和直觉相比，方法论是次要的。这种整合治疗是一种多维艺术，在身体、心智、情绪、灵性和社会因素方面，进行深层次的工作。同样的，这一工作恰当地混合了"做"与"不做"。如果我们热衷于指导客户，那么就很可能错过一些线索。当我们从局势操纵中抽身而退，可以看到这些线索是相当明显的。当我们"不做"时，我们仍然全心系于客户身上，这样我们就能创造一个空间，让他们充分地参与到自己的疗愈中。这样，我们就能与客户在互相尊重的氛围中，共同达成必要的疗愈和觉醒。直觉心理整合治疗有效地混合了避难所和坩埚的效用，强有力的突破和顿悟是不可避免的，这能催化促成心理灵性的疗愈和整合。

附录二

照亮、整合身体、心智、情绪和灵性

在直觉整合工作中，我们的心智、身体、情绪、社会属性和灵性，各个维度的因素都被调动起来，有机地流动着。无论何种议题或感受出现，都能被我们置于存在的内在整体性背景中进行处理。我们的工作方式既尊崇个人、人际层面，也会荣耀超个人层面。

没有这种连结，我们就会从存在天然的整合性中脱离，过分认同自身的某些特殊面向，以牺牲他人为代价。我们可能在冥想中进入得很深，但切断了与深层情绪的连结；我们能够进入很深的情绪中，却发现自己被情绪淹没，或者很容易陷入情绪之中；我们可能会改变思维方式，以便更好地调节情绪，结果发现陷入了空洞的理性之中。我们可能有意无意地隐藏自身的某些面向——相较于我们的长处而言，未充分发展的面向。

照亮和整合我们各个不相干的元素、将分散的自我重新统合，是核心的工作，可以给我们带来转化所需的土壤和进一步的觉醒。如果我们避开整合——在灵性逃避中经常发生——我们就不会变化，而是会变形。

下面我会概述如何直觉性地对身体、心智、情绪和灵性进行整合。

身体工作

对身体进行工作指的是在生理、能量、心理、情绪和灵性层面全神贯注地关注身体。

这样做的时候，我们需要停止将身体概念化为一个物品、一个居所，不能仅仅把它当作自我或者更高次元的容器。不再把身体看作是"在下面"、在头部之下的。当我们从头部指挥中心来看身体时，就好像我们在身体之上，这不一定是一种生理上的感觉。我们可能会指责身体将我们拽下来。然而，不管身体情况如何，这并不是它的错，错误在于我们处置身体的方式。

　　如果微妙的身体信息没有被注意到，那么更明显或更戏剧化的疼痛或剧痛的信号就会显现。如果没有充分注意到这些信息，那么更惹人注目的征兆，比如使人衰竭的疼痛或功能紊乱就会出现。身体就像一匹需要回应的战马，当它对我们轻声耳语时，我们必须聚精会神地留心它在说什么。

　　当我们充满了正念，身体练习（哈他瑜伽、罗尔夫按摩治疗法、费登奎斯法、健身房锻炼，诸如此类）就会帮助我们充分活出基本的特质。我们意识到——不仅是在头脑层面，身体和心智不是分离的，身体是可见的心智，而心智是不可见的身体。如此，我们才真正地触及到内在的整体性。这样的接触是基本的，是基础性的，是疗愈性的。因此，在心理治疗中需要纳入身体工作，不管是对身体给予更多关注——无论是适当的提问或引导其进行观想，还是结合心理治疗方向，进行实际的身体接触。

　　如果不让身体对头脑说话，我们就会错过从觉醒的身体中升起的智慧。身体是有意识的，是值得尊崇的，是有感觉的；身体是气血丰盈的。因此，要想与身体更深入、更有活力地连结，我们需要结合心理情绪治疗，从内到外对身体进行工作。这样的锚定不仅能让头脑变得安静和明晰，还能帮助我们更充分地活出情绪和灵性的面向。身体需要的是被爱，是活着，是被照亮。身体并不是我们必须承受的负担，不是智慧或者灵性深入的障碍物！

我们需要从"拥有身体"转变为"身体存在"，然后从"身体存在"变为"存在"。然后我们就能在肉体层面深切地感受到，作为整体存在是自然而然的，身体和灵性不再分离。我们需要做的是尊重身体，照顾身体，而不是抓住它的缺陷不放，与它为敌；与身体亲密，这意味着停止将身体当作"它"，让我们获得新生；在肉体中活出灵性（spirit-in-the-flesh）。

心智工作

我们大脑中有多少念头？是不是大部分的心智活动都是自行出现的，并不受思考者支配？甚至当我们似乎很清晰地看到自己的思维过程——当我们小心地评判他人时，我们是不是认同于这些念头，被念头缠住，甚至在其中迷失？

对心智做工作意味着要有意识地关注各种形态的思维，

如念头、幻想、比较和评判，所有形态都处于持续流动的状态，而不是认同它们。这一觉知并不属于心智的能力，不是一种更高级的思考，而是知觉的开放。只有超越心智才能够看到或者目睹心智。

正如冥想者知道的，思考我们觉知到了什么，和觉知完全不同。要想觉知到思考的过程，要想保持这个觉知一分钟以上并不是很容易。心智是自行运作的，也就是说，它并不会因为我们想要它安静，它就能安静下来。

然而，我们需要发展出一种能力，与心智活动保持合适的距离以便观察它。否则无论什么进入思维，我们都会受其摆布。当某个念头升起，我们自动地会用注意力来喂养、固化它，并受其影响，根据它的指引来行动，但仿佛一切由我们掌控。觉察到心智在忙些什么，意识到保持长时间的专注是多么困难，这一经验能让我们变得谦恭。心智是一个非凡的仆人，却是一个糟糕的主人。当我们学习与它相处，而不是依它而行，就会更少地纠缠在念头中，无论身处何种情境。

我们应该怎么做呢？训练是必需的，特别是保持持续的专注，但是放松也很重要。首先，我们要努力对一个特定对象保持专注，比如觉察呼吸。一旦喋喋不休的大脑安静下来，努力变少甚至消失，就能安住在内在觉知的轻松中。

经过充分的练习，就能够越来越自然地专注或者放松。这是冥想练习的本质，不仅存在于冥想之中，也在每一天的日常生活中。在培养放松的觉知时，我们与心智活动的关系好比天空与云，既不努力去除它，也不压抑它，更不会沉溺其中。觉知并不会偏向一边，它会平等地照亮所有它接触到的事物。

如果我们不在当下，我们就没有真正地活着，而是活在过去和未来的幻觉中。从幻觉中觉醒，就是冥想练习的目的所在。冥想是借由觉知，允许一切事物都被含纳、渗透的艺术。冥想并不会改变心智，而是照亮它。当我们对心智进行工作的时候，学习观照头脑产生的念头、信念、梦想，以及与身体和情绪的交互影响，实际上我们就是在做清洁工作，让自己沉浸在永远新鲜的存在奥秘之中。这个过程最好的催化剂并不只是冥想，而是心理和身体治疗的巧妙结合。

即使做了大量的冥想练习，我们可能仍旧会滑入老旧的心智模式中，不过我们无须将其当成一个问题。我们无须为思维火车脱轨自责，这是一个培育健康的谦卑和幽默的好时机。这是一个重振旗鼓的机会，可以照亮我们，让我们变得更强壮。当然，即便我们确信已经吸取了教训，但仍然会有这样的失误。然而，我们的目的比完美更深入：尽可能地深入当下，不管我们的状态如何，让一切事物都服务于疗愈和觉醒。

慈悲的关注能够温柔地让头脑平静下来。当我们的头脑自然而然地保持平静，直觉和心灵的信息就会更清晰，我们就会活得更智慧。

用心记住这些。

情绪工作

我们生于感受，活在感受中，死于感受。我们内在一直都有某种感觉，不过它更像是一个背景。情绪在我们的肉体、心智和心灵中弥漫，层层叠叠。但我们对情绪又了解多少？我们对情绪有多熟悉？我们控制和表达某种情绪有困难吗？我们知道智商（IQ），是否知道道德智商（MQ）和情商（EQ）呢？

困扰现代文化的低情商，很大程度上根植于西方历史对认知的推崇和对情绪的贬低。通常，我们将情绪视作比理性更"低等"或更"原始"，花更多的精力理性思考，把客观现实搞得混乱不堪。很明显思考通常与冷静有关，或者说与情绪的冷静有关。但是，我们可以同时拥有强烈的情绪和明晰的头脑，就像流泪可以让我们的表达更清晰，观察更有洞察力。而且和情绪隔绝，特别是和阴暗的、不舒服的情绪隔绝，会严重地损害我们清晰思考的能力，妨害我们做出有道德的行动。神经病学家研究显示，情感能力低下，比如因负责情绪的脑区受损而引发的情感能力低下，会妨碍我们做出正确的决策。

在检视某一特定的情绪时，很多因素——不仅是与情绪相关的——都需要纳入考量范围。愤怒可能用来防御悲伤，悲伤也可能用来防御愤怒。愤怒和悲伤混在一起，可能导致情绪消沉。羞愧和恐惧也可能混在一起，让人产生罪疚感。诸如此类。

对情绪进行工作意味着逐步熟悉了解它。当我们感受的时候，我们需要知道我们感受到了什么，这似乎是显而易见的。我们需要学习在遏制（比如当我们处于愤怒的边缘，愤怒即将演变为攻击行为之时）和表达（比如当愤怒被压抑，需要强有力地表达时）之间保持平衡。我们需要学习调节情绪、直接表达情绪、带着觉知和慈悲表达情绪，学习驾驭它、指引它，最终和情绪在一起。

现在我们以恐惧为例。当我们一直处于恐惧之外，就会一直陷在恐惧之中。因而有效地对恐惧进行工作是进入它，这意味着对所有逃避恐惧的方法，我们要有清晰的认识。进入恐惧意味着进入到恐惧的表层之下，穿越其特征性的思维、越过恐惧的岗哨。一旦待在恐惧之中，我们的注意力就像矿工的前照灯扫描着四周，此时我们就能熟悉恐惧的特征，尤其能了解那种制造出我们称为"恐惧"的感觉和信念。离得越近，就看得越清楚。但是，我们也要学习不要过快深入恐惧，此时我们还不能消化和整合我们经验到的东西。

当我们有意识地深入恐惧之时，我们就能彻底地改变它。带着警觉和慈悲深入恐惧，实际上能够扩展恐惧让它超越自身。一旦不再有燃料提供给收缩的恐惧中心，恐惧就松开了，被驱散了。走进恐惧才能结束恐惧。

情绪并不是问题！重点在于我们怎样处置情绪。培养与情绪的亲密关系在于走近它，而且是真正地走近它，不会迷失或者过度沉溺于情绪。此时，无论我们经验到何种情绪，我们都能精确地理解、娴熟地回应，并学习驾驶着飞船进入情绪风暴的中心。

灵性工作

灵性——在心灵深处，培养与我们所知道的神圣和终极的亲密——并不会将任何严肃的人性议题排除在外。当我们对身体、心智和情绪有了更多的觉察之后，关于身份的问题不可避免会升起：我是谁？我是什么？这个问题的答案比头脑制造的回答更真实，实际上，它能引导我们，让我们直面存在难以言说的实相。

充分地活出灵性，是一项要求很高的本质性工作，必须含纳身体、心智、情绪、社会面向。这样的灵性并不会将日常生活排除在外，而会以一种未被自我中心主义玷污的透视方法去渗透、照亮日常生活。

在纯粹的灵性领域——在此二元对立消失——和平常的自我生存领域之间，是灵魂的领域。灵魂可被定义为个体化

的存在，或者一个人个体化的本质所在。这是个人性最后的
疆界。灵魂是灵性的面貌。灵魂之上是无差别的存在。灵魂
拥有大量的超个人观点，但仍是极度人性的；灵魂几乎是超
个人的，但通常它仍然与特殊的、个人性的、特异的事物保
持亲近，不管它是居于圣洁的豪宅还是可怕的贫民窟里。灵
魂能够阻止意识变得枯竭或过分超然。

　　对灵魂进行工作在于向灵魂敞开，对灵魂的视野臣服。
这项工作在本质上会令我们脆弱，我们需要做出真正重大的
转变，学习从逃避痛苦变为直面痛苦、深入痛苦之中。灵魂
不会避开痛苦，灵魂会以慈悲之心来面对痛苦。带着身体、
心智、情绪和灵性整合之后的开放之心，我们找到了与生俱
来的存在的一体性。这是全心全意地进行疗愈和觉醒的实修
后得到的回报。实修不仅包含冥想和心理治疗，还涉及当下
每一时刻。当我们在灵性层面敞开，就会意识到没有一个行
为是无关紧要的。每一个行为都很重要。而且，因为一切都
很重要，因而没有什么会被排除在外。这就是我们或早或晚
会与"我们所是"变得亲密的原因。作为以自我为中心的存
有，我们不能做到这一点，但作为以灵魂为中心的存有，我

们可以做到。灵性并不意味着避开生活的艰难，而是意味着拥抱和照亮它们。当我们识别出所有的特性和情绪都为每一个人所拥有——不管我们多么想否认其中一些特质，当我们能够以慈悲之心接近它们之时，就能对他人表现出慈悲之心，不过很可能是很严厉的！灵性是让人结为一体的爱和觉知。

灵魂的拥抱既是全景式的，也是个体性的；关乎普遍性，既不会忽视个人性，也不会忽视人际层面。当灵魂之心碎掉，灵魂就裂开了，它的圆圈就会扩展变大；灵魂受伤仅仅是更深地显露出它的爱。

自我说：我就是我认为所是的。

灵魂说：我比我想象得要大。

灵性说：我是。

我们是光明，我们也是黑暗

我们是肉体，组成我们的是星星和泥

我们被撕裂为二

但我们先前是一体

和碎裂的千万片不可分离

致　谢

　　首先，我要向我所有的老师深鞠一躬，感谢他们传递的关于心理灵性的领悟和他们的谦卑（slippages），两者同样具有指导性。

　　非常感谢 Bill Kauth，他建议我将关于灵性逃避的零散写作集结成书。感谢 Jeff Brown 将我和我的书引荐给北大西洋出版社（North Atlantic Books）。感谢 Anne Connolly，我的富有洞察力的编辑，他帮助我离开了文学的舒适地带，让我不再自负地认为这是一本不怎么需要编辑的书。他激励我将这本书写得更通俗易懂。感谢 Laura Conley 给我的编辑建议。

　　灵性逃避可能非常明显，也可能非常隐蔽；我深深赞赏那些敢于探索、照亮和根除自身灵性逃避倾向的人，包括经由心理治疗来这么做的人。

特别感谢接受我和我妻子 Diane 培训的学生们，他们信任我们，渴望从其核心创伤中破茧而出，获得真正的自由。在我们的指引下，他们愿意进入最黑暗之处，这一点令我深为感动，也给我的心理灵性工作和写作带来了极大的帮助。

最重要的是，我要感谢 Diane，我的挚爱，我所有事情的伴侣。她出现在我生命中，给我带来的帮助超乎想象。我们不寻常的连结，我们对"我们的本质"的信奉，既熟悉亲密，又永远保持了新鲜；既疗愈了我，又让我觉醒。我们的关系既是考验我的坩埚，又是我的避难所，给予我的恩典难以形容。虽然我们几乎形影不离，却从未厌倦过彼此的陪伴，我仍然对我们在一起的每一天感到惊喜。

图书在版编目（CIP）数据

灵性逃避 /（美）罗伯特·奥古斯都·玛斯特斯著；黄秀丽译 .
-- 北京：中国青年出版社，2019.1
书名原文：Spiritual Bypassing

ISBN 978-7-5153-5473-6

Ⅰ . ①灵… Ⅱ . ①罗… ②黄… Ⅲ . ①心理学—研究 Ⅳ . ① B84

中国版本图书馆 CIP 数据核字 (2019) 第 004123 号
北京市版权局著作权登记号：01-2017-1815

灵性逃避

作　　者：[美] 罗伯特·奥古斯都·玛斯特斯
译　　者：黄秀丽
责任编辑：吕　娜

出版发行：中国青年出版社
经　　销：新华书店
印　　刷：三河市金轩印务有限公司
开　　本：787×1092 1/32 开
版　　次：2019 年 1 月北京第 1 版　2019 年 1 月河北第 1 次印刷
印　　张：8.75
字　　数：131 千字
定　　价：69.00 元
中国青年出版社 网址：www.cyp.com.cn
地址：北京市东城区东四 12 条 21 号
电话：010-57350346（编辑部）；010-57350370（门市）